やる気を高め、結果を上げる「求心力」のつくり方

Vision

ザ・ビジョン

［新版］

ケン・ブランチャード
ジェシー・リン・ストーナー［著］
田辺希久子［訳］

Full Steam Ahead!
Unleash the Power of Vision
in Your Work and Your Life,
2nd Edition

Ken Blanchard
Jesse Lyn Stoner

ダイヤモンド社

Full Steam Ahead!
by
Ken Blanchard and Jesse Lyn Stoner

Japanese translation rights arranged with Berrett-Koehler Publishers, Oakland, California
through Tuttle-Mori Agency, Inc., Tokyo

まえがき

Full Steam Ahead!（邦訳『ザ・ビジョン』）の改訂新版を書かないかと、版元のベレット・コーラー社から声をかけられたとき、私たちは大喜びした。長年のあいだに手がけてきた作品のなかで、もっとも大切な本のひとつだからだ。初版は22の言語に翻訳され、世界的なベストセラーになった。これほど多くの方々に読んでいただけたことは、うれしいかぎりである。

私たちは世界中の企業・組織と仕事をしてきたが、マネジャーが偉大なリーダーになるのを妨げている最大の要因は、めざすべき明確なビジョンを描けずにいることだ。言い換えれば、自分は何ものなのかという「目的」、どこをめざすのかという「未来のイメージ」、そしてビジョン実践の羅針盤となる「価値観」がはっきりしていないからだ。私たちが仕事をした組織でも、マネジャーが、部下を導く方向性を明確に意識できているケースは1割にも満たなかった。

明確なビジョンがないのは問題だ。なぜなら、どんなリーダーシップをとるにしても、出発点はビジョンにあるからだ。そもそもリーダーシップとは、どこかをめざして進むものだ。けれど、そのビジョンにみんなが共感できなければ、リーダーシップも自己満足に終わり、結局は失敗してしまうだろう。

話を聞いてみると、たいていの人はビジョンが大切であることを認めている。明確なビジョンがなければ、目先の事柄にとらわれて焦点が定まらず、膨大なエネルギーをムダにしかねないということも、ちゃんとわかっている。ビジョンの欠如がもたらす悪影響を知りながら、どうすればビジョンを生み出せるかがわからないのだ。

「ビジョン・ステートメント」なるものを掲げている組織でも、だれからも注意を払われていないことが多い。「ビジョン」なるものが額に入れられ、壁に飾られているが、人々の指針になっていないだけでなく、現実の業務の実態とかけ離れたものになっている。

もし、あなたがこれまで一度もビジョンを作成したことがない、あるいはビジョンの作成を試みたがうまくいかなかったというなら、この『ザ・ビジョン［新版］』を読んで、今度こそ成功してほしい。一見、複雑に見えるこのテーマを、本書ではわかりやすく、現実に即して、応用しやすいかたちで紹介したつもりである。

なお、新版では内容をふくらませ、ビジョンの継続についての章を加え、ビジョン実践のノウハウをくわしく説明し、チーム単位のビジョンづくりについての情報を追加した。また巻末には参考資料として、みんなの共感を得られるビジョンになっているかどうかをたしかめるテスト、ゲームプランなどを収録した。

意義ある人生を送りたいと思う個人、あるいはチームのメンバーやリーダー、組織全体を率いる多国籍企業のトップなど、どんな人でもビジョンの必須条件を理解すれば、夢の実現に近づいていく。

とはいっても、本書は単に「説得力あるビジョン」のつくりかたを述べただけの本ではない。どうすればビジョンがみんなの共感を得られるか、どうすれば実践に生かされるか、どうすれば日々の営みを導く羅針盤になりうるかということも、本書のテーマである。「ビジョン・ステートメント」づくりは、その場かぎりで終わっていいものではない。本書が示すように、ビジョンづくりは一生かけて歩んでいくプロセスなのだ。

個人のビジョンであれ、家族のビジョンであれ、プロジェクト、チーム、部門、組織全体、あるいは地域社会のビジョンであれ、本書で紹介したアイデアを応用して、みなさんもまた〝全速前進〟されることを願っている。

ケン・ブランチャード
ジェシー・リン・ストーナー

ザ・ビジョン［新版］ 目次

プロローグ

私は信じられない思いで立ち尽くしていた。顔面に冷たい風が吹きつけるのもおかまいなしに。

彼が逝ってしまったなんて、信じられない……ジムのいない世界なんて、とても想像できない。なのに私は、どんよりとした冬空のもと、ぽっかりあいた墓穴の前に立っている。

参列者の顔をぐるりと見回した。彼らもまた、私と同じように打ちのめされている。私たちみんなにとって、ジムはとても大切な人だった。

ジムの娘クリステンが追悼の言葉を読み上げた。聞き覚えのある言葉ひとつひとつに慰められる思いがして、ジムがすぐそばにいるような気がした。

「ジム・カーペンターは愛情あふれる教師であり、飾らない真実を身をもって示した人でした。彼のリーダーシップのもとで、彼自身も、まわりの人々も、人生には神さまがいてくださることを実感できたのです。思いやりあふれる神の子であり、息子、兄弟、夫、父、祖父、義父、義兄弟、名付け親、おじ、いとこ、友人、そして同僚として、人生の意味と成功とのバランスを求めつづけました。人生の目的から外れるような相手や仕事に対しては、愛情あふれる形で『ノー』ということができました。エネルギッシュで、どんなとき、どんな状況でも、前向きな気持ちを失いませんでした。なにが起きようとそこから『教訓』を引き出し、メッセージを読み取ることができました。誠実さを旨とし、言行一致の人であり、したたかで俊敏な、体重93キロのゴルフ・マシーンでもありました。だれもがその死を悼むでしょう。どこへ行こうと、彼がそこにいるというだけで、この世界はよりよい場所になったからです」

「愛情あふれる教師であり、飾らない真実を身をもって示した人」……ジムが人生をどのように生きたかを雄弁に語る言葉の数々を、私はしみじみとかみしめた。そこには彼という人間のエッセンスが凝縮されていた。ジムらしいユーモアのセンスもにじみ出ていて、思わずほほえんでしまった。たしかに大のゴルフ好きだったけれど、どう見ても「したたかで俊敏なゴルフ・マシーン」ではなかったからだ。

墓地からの帰り道、私はクリステンに近寄って声をかけた。

「とてもすてきな追悼の言葉だったわ」そういって彼女の体に手をまわした。

クリステンは、ふうっとため息をついた。

「ありがとう、エリー。でも、あれを書いたのは、わたしじゃないの。たぶんパパよ。パパの書斎で追悼の言葉を考えていたら、いちばん上のひきだしにこの原稿が入っていたの。わたしがどんなにがんばっても、これほどうまくパパのことは書けなかったわ」

クリステンはちょっと口をつぐんでから続けた。「それにしても、パパはどうしてこんな文章を書いたのかしら」

「わたしは知ってる」小声で私はつぶやいた。「彼がそれを書いているとき、そばにいたから。自分のお葬式のためじゃなくて、これはジムの『人生のビジョン』、人生を導く指針だったのよ」

みんなと別れて自分の車へ戻りながら、ジムのビジョンのことを思い返した。

この人は、どんなにビジョンの力を活用した人だったことだろう。そうやって、父親から受け継いだ小さな保険会社を、全米に名の知れた会社へと成長させたのだ。

それでも、最初はビジョンづくりの方法がわからず、ずいぶんてこずっていた。そのことを思うと、つい笑みがこぼれた。ある朝、目ざめるとビジョンができあがっている……そんな器用な人ではなかった。むしろビジョンにはどんな要素が必要なのか、ビジョンを創造し、伝え、実践するには何が大切なのかをつきとめて、そうしてできあがったビジョンをみんなと共有して、社員の力をひとつにまとめあげたのだ。

それにもまして大切なことは、彼が自分の「人生のビジョン」もつくりあげていたことだ。そして私自身もまた、彼の学びを取り入れて自分の人生のビジョンをつくったのだ。

私の思いは、またたくまにビジョンの旅路の出発点へと飛んでいった。この旅路をとおして、会社も、ジムも、そして私も変わっていった。もう何年も前のことである。いまとは別の人生を歩いていた当時の、いまとは別のあのころの私。それはまるで昨日のことのように思えた。

1

本当のはじまり

私はカーペンター保険会社の前に立っていた。それは新しい世界への入り口だった。

当時の私は38歳。一度も家庭の外で働いたことがなかった。大学時代はトップの成績で、輝かしいキャリアが約束されていた。夏休みに会計事務所でインターンをしているとき、将来有望でハンサムな会計士ダグと知りあった。そして、卒業したらすぐ結婚することになった。

結婚してから大学院に行き、MBAを取ってから、条件のいい仕事を見つければいい。子どもを何人かつくって、共働きの収入で大きな家に住み、お手伝いさんを雇い、休暇を楽しみ、人もうらやむ生活を送るつもりだった。

私は予定どおり名門の大学院に進み、MBAの課程をスタートした。ところが計算外のできごとが2つ起こった。思いがけず子どもをさずかり（しかも双子！）、そのうえダグが体調を崩したのだ。

双子がもうすぐ生まれようというころ、ダグが帰宅後しきりに疲労感を訴えるようになった。当初は「共感妊娠」の一種かと思われた。けれどテニスの試合中に体に力が入らなくなり、けいれんを起こしたので、病院にかかることにした。何カ月にもわたる検査を受け、専門医の門をたたき、不安にさいなまれたあげく、とうとうALS（ルー・ゲーリック病）の診断がくだった。そして双子が1歳半のとき、私は未亡人になった。

それから15年がまたたくまに過ぎた。幸いダグは高額の生命保険に入っていたし、ダグの両親も援助してくれた。贅沢《ぜいたく》さえしなければ、ずっと家にいて子どもたちの面倒を見ることができた。父親がいない分、たっぷり埋め合わせをしなければと思いつめていたのだろうか。おかげで、すっかり子ども中心の生活になった。付き合った相手もいたけれど、関係が深まると、ダグとの思い出を忘れていいのか、こんなに助けてくれる義理の両親を裏切っていいのか、という思いにさいなまれた。

そしていま、私の人生は新たな段階に入ろうとしていた。子どもたちは高校生になり、以前ほど母親を必要としていない。ダグを失った悲しみは歳月とともに薄れてきた。保険金もそろそろ底をつきかけている。仕事を始めるタイミングだったし、自分でも新しい生活を始める気持ちになっていた。これまでの15年間は家族のために過ごしてきた。今度は、自分のために生きていく番だった。
大学での専攻を考えて、営業や経理の仕事を求人広告で探した。そしてとうとう、生まれて初めての就職が決まった。かなり大きな保険会社の経理の仕事だ。ドキドキしながら、けれど期待で胸をふくらませながら、私は通勤用のスーツを買いに出かけ、未知の新世界へ踏み出す準備を始めたのだった。

＊＊＊

カーペンター保険会社に足を踏み入れたとき、最初に出迎えてくれたのはマーシャだった。経理部の責任者で、入社試験で面接官だった女性だ。社内をひととおり案内し、仕事の内容を説明し、同僚たちに紹介してくれた。そして入社にあたって必要な手続き書類を手渡しながら、私のデスクに案内してくれた。専用のコンピュータもアドレスもそろっていて、私のメールボックスにはさっそくメッセージが届いていた。

MAIL

みなさん、おはよう。ジムです。リンカーン大統領は水曜日の夜になると、しばしばホワイトハウスを抜け出して、ニューヨーク通りにある長老派教会でファインズ・ガーリー博士の説教を聴いたそうです。リンカーンはいつもお忍びでやってきましたが、ガーリー博士は大統領がやってきそうな日には書斎のカギを開けておきました。

そんなある日、大統領は裏口から会堂に入り、講壇の真横にある博士の書斎に席を占めました。そして説教が聞こえるよう、書斎のドアを少しだけ開けておきました。

教会からの帰り道、側近が大統領に説教の感想を尋ねました。大統領はおもむろに答えました。

「内容はすばらしい。しかも品格がある。さぞかし、周到な準備をして説教に臨まれたにちがいない」

「つまり、すばらしい説教だということですね」側近が尋ねました。

「そうではない」リンカーンは答えました。

「でも、内容はすばらしい、品格もある、よく練り上げられた説教だとおっしゃったではありませんか」

「そのとおりだ」とリンカーンは答えました。「しかしガーリー博士はいちばん肝心なことを忘れておられる。つまり、われわれに『偉大なことをせよ』と呼びかけることをね」

平凡な人生も、平凡な業績も、けっして悪いものではありません。およそ、この世において善なるものは、すべて凡人の努力の積み重ねによってできあがっているのです。しかし、人間の一生は偉大さをめざすものなのです。リンカーンは、どうやらそのことを知っていたようです。

ジムってだれ？　どうしてこんなメッセージが私に届くの？　ビジネスの世界にも、こんなことってあるのだろうか。

午前中のうちに、マーシャがやってきて、その日の予定を説明してくれた。今日は1日、同僚のダリルのあとについて、仕事のやりかたを一から学ぶことになるという。

昼食はダリルや経理部の仲間と一緒にとった。ダリルはあまりしゃべらないけれど、それ以外のみんなとは、近いうちに始まる大きなプロジェクトのこと、天気のこと、家族のことなどをおしゃべりした。ただしメールメッセージのことはだれにも尋ねなかった。忘れていたのもあるけれど、本当のところは、ビジネスの世界にうといと思われたくなかったのだ。

社交的でないとはいえ、ダリルは実務家肌で、仕事の仕組みを教えてもらうにはぴったりの人物だった。1日はあっというまに過ぎ、自分のデスクを整頓する余裕さえなかった。

＊＊＊

それからの数日は、無我夢中で過ぎていった。1日も早く仕事を覚えようと必死だった。ダリルの仕事のひとつは、保険外交員から旅費などの必要経費の領収書を集め、整理することだ。この仕事と、ほかにもいくつかの仕事をダリルから任されたので、私はとても忙しくなった。だから金曜日になっても、メールのことはだれにも聞けなかった。そのくせ、「みなさん、おはよう。ジムです」で始まる毎朝のメッセージが、妙に気になってしかたがなかった。メッセージの内容はとても変わっていた。実際にあった話、書き手であるジムという人物の人生哲学、社員の動向などが、いろいろとりまぜて書かれている。たとえば、あるメッセージはこんなふうに始まっていた。

MAIL

みなさん、おはよう。ジムです。昨日、受付係のスー・メイソンの手術が無事終了しました。しかし悪性腫瘍が見つかり、おおむね切除しましたが、今後、抗がん剤の治療を受けなければなりません。

ですからスーのために祈り、エネルギーと前向きな考えを送ってあげてください。

スーに会ったことはないけれど、せめてもと思い、前向きな考えを送っておいた。相変わらず、メールのことはだれにも質問できなかった。タイミングを失ったせいもあるけれど、秘密めいた感じが毎日のちょっとした楽しみになっていたことも事実だ。そんなときめきが、私の人生から消えてどれだけたつだろう。

入社して最初の週が終わった金曜日の夜、家に戻って、今日までに経験したことを振り返ってみた。くたくたに疲れたけれど、楽しい1週間だった。業務のルーティンを覚え、自分の役割をのみ込むまでに多少のストレスはあっても、やりがいがあるし、はりあいも感じた。仕事仲間はいい人ばかりだし、上司も親切にしてくれる。

翌日の土曜日の朝、たったひとりでコーヒーを飲んでいると、ちょっぴりさびしくなった。今朝、双子と顔を合わせたのはたった10分にも満たない。おいしい朝食をつくってあげようと思ったのに、断られてしまった。自分たちで好きなものを選んで、大いそぎで口に放り込む。オレンジジュースをつごうとしたら、娘のジェンにピシャリといわれてしまった。

「わたしたち、もう子どもじゃないのよ！」

まるでケンカごしだ。そして、水泳大会に出るからといって、家を飛び出していった。

週末はずっとそんな調子だった。土曜日も日曜日も、双子の顔を見ることはほとんどない。

たとえ家にいても、私とおしゃべりする気などさらさらないようだ。新しい職場のことをジェンに話そうと思っても、おとなしく聞いてくれるのは一瞬だけ。すぐ部屋に入ってしまう。

それならとアレックスに1週間の様子を聞こうとすると、コンピュータからチラッと顔をあげ、「順調だよ」と答えるなり、すぐ画面に戻ってしまった。

そうよね。「自立」という成長の新たな段階に入ったんだわ。もう前みたいに私を必要としてはいない。仕事を始めておいてよかった、と思った。

日曜日の夜になると退屈でたまらず、一刻も早く仕事に戻りたい気持ちでいっぱいになった。早めにベッドに入ったせいで、朝の5時半に目が覚めてしまった。目がさえて、それ以上眠れない。以前はジェンとアレックスを、始業前の水泳の練習に送っていったものだ。けれど、いまや二人も高校生。年上のチームメイトの車に相乗りさせてもらっている。もちろん、朝食を用意したところでムダだろう。

どうしよう。いっそ早めに出社しようか……。私はあるプロジェクトを任されていた。いい仕事をすれば実力をアピールできる。いまから出社して、とりかかろうか……。そう思いつくと、すぐに着替えをして、ジェンとアレックスに仕事に行くと伝言を残し、6時半には会社に到着していた。

入り口にカギがかかっているかもしれないなどとは、思いもよらなかった。建物をぐるりと回って、ドアをひとつひとつ調べていくと、裏手にひとつだけカギのかかっていないドアがあった。静まり返ったビルのなかへ、おそるおそる入っていく。まだ私の顔を知らない社員もたくさんいるので、不法侵入者とまちがわれて逮捕されてはたまらない。

ドアを開けて通路へ進むと、左手の部屋から挽きたてのコーヒーの香りがただよってきた。なかをのぞき込むと、コピー機がずらりと並んでいる。それより何よりうれしかったのは、入り口のカウンターに大きなコーヒーメーカーがあって、コーヒーがたっぷり入っていたことだ。いい香りに誘われて思わず歩み寄り、カップにコーヒーをそそいだ。最初のひと口をすすったところで、背後からだれかが「ふん」と鼻を鳴らした。

びっくりして振り返ったはずみに、コーヒーをこぼしてしまった。部屋の奥のコピー機のうしろに小さなテーブルがあって、そこにひとりの男性が座っているとは、まったく気づかなかった。けれど、相手はとっくに気づいていたのだろう。コーヒーを片手に、くつろいだようすで、先ほどから私のようすを観察していたらしい。

「一緒にどうですか」男性がいった。

私はおずおずと床にこぼれたコーヒーをぬぐい、男性の隣に腰をおろした。

「まだ入社したてなんです」言い訳がましくいった。「早めに出社して仕事を片づけようと思ったら、裏口しかカギがあいてなくて」

この人は守衛さんだろうか。それとも警備員だろうか。だとしたら怪しい人間と思われたかもしれない。でも、そんな不安はすぐに消えた。

彼のそばにいるだけで、たちまち警戒心がとけて、ついついおしゃべりしてしまう。聞き上手で、心から私に関心を持っていることが伝わってくる。あまり個人的なことは人に話さない私だけれど、この人の前ではこんなに自分をさらけ出せるんだと、われながらびっくりした。若くして結婚し、夫の看病と赤ん坊の世話が同時にふりかかってきて、とても大変だったことなど、いつのまにか打ち明けていた。

「愛する妻を失って、ひとりで子どもを育てるなんて、わたしだったら想像もできない」

おだやかな口調で、彼はそういった。

「とてもつらかった。自分のことは後まわしにして、子育てに専念してきたけれど、子どもたちはもうわたしを必要としてはいない。実をいうと、外で働くのは初めてなんです。やりがいを感じる反面、不安もあって……」

そこで私は、はっと我に返り、いかにぶしつけに話しかけているかに気づいた。

「ごめんなさい。黙って聞いてくださるので、思わず自分のことばかりしゃべってしまって……。あなたのお名前さえ知らないのに」

「わたしはジム。この会社の社長だ」ジムはそういってにっこり笑った。「楽しかったよ、エリー。きみの身の上話もすっかり聞かせてもらったしね。入社してくれてありがとう。さて、申し訳ないが、そろそろ仕事にとりかかる時間だ」

そういってジムは立ち上がり、呆然と、ものもいえずにいる私を残して歩き去った。

その日の午前中、メールを開いてみると、こんなメッセージが入っていた。

MAIL

みなさん、おはよう。ジムです。いま7時ちょっと過ぎです。今朝、経理部の新入社員、エリーとおしゃべりしました。それである話を思い出したので、みなさんにご紹介しましょう。

時間管理の専門家が、あるグループのために講演をしました。彼は4リットルも入る大きな壺をテーブルに置きました。そして、こぶし大の石を十数個用意し、1個ずつ、丁寧に壺に入れていきました。石が壺の口のところまできて、これ以上入らなくなったところで、こう質問しました。「壺はもういっぱいですか?」

全員が「いっぱいです」と答えました。

次に彼は、テーブルの下から、小石をたくさん入れたバケツを取り出しました。そして小石を何個か壺に入れて、揺すりました。すると、すきまが詰まって、石が壺のなかにおさまりました。そこで彼は、もう一度尋ねました。「壺はもういっぱいですか？」

今度は、ちょっと首をかしげる人もいました。

すると彼は「それでは」といって、テーブルの下から、今度は砂の入ったバケツを取り出し、砂を壺のなかにそそぎ入れました。そしてもう一度、同じ質問をしました。「壺はもういっぱいですか？」

みんな黙っています。

すると彼は、今度は水差しを取り出して、例の壺がいっぱいになるまで水をそそぎ入れました。そして一同を眺めわたして、こう尋ねました。「この実験の意味はなんだと思いますか？」

頭のいい若者が答えました。「どんなにスケジュールがいっぱいでも、よく考えれば、もっと仕事を詰めこむことができるということです」

「違います」講師は笑顔で答えました。「そう答える方が多いのですが、わたしがいいたいのはそういうことではありません。この実験からいえるのは、大きな石は最初に入れないと、永遠に入らなくなるということなんです」

さて、みなさんの人生の「大きな石」はなんでしょうか。家族との時間、将来の夢、健康、それとも志でしょうか。最初にそれを入れないと、それは永遠に入らなくなるのです。

謎の一部は解けた。メールは社長のジムから送られていたのだ。ただし、送信者はわかっても、なぜ送るのかという理由まではわからなかった。

疑問を胸にしまい込んだまま、私はその日をあわただしく過ごし、未解決の謎のことも、今朝送られてきたメッセージの意味も、すっかり頭から飛んでいた。ダリルからは、外交員たちが立て替え払いしている経費を精算するための、統一的な書式を考えるよう頼まれていた。経費を項目別に分け、それぞれにコードを割り当てて、データ入力を容易にしたいという。経費にはいろいろな種類があって複雑なので、別々に処理しようという考えだ。

その晩、ベッドに入ってから、自分にとって「大きな石」とはなんだろうかと考えた。もちろん子どもたち。そして新しい仕事。ほかに何があるだろうか。うとうとしながら、自分が石と石にはさまれて、壺に押し込められている姿が頭に浮かんだ。

＊＊＊

火曜日も5時半に目が覚め、ベッドから跳ね起きた。今度はもう、どうすればいいか迷うことはなかった。アレックスとジェンには前の晩、二人の登校前に仕事に出かけてもかまわないとの了解をとってあった。案の定、二人とも問題ないという。こうして私は、6時半には会社に到着していた。今日もジムはいるだろうか。裏口のドアを押すと、カギはかかっていなかった。まっすぐコピー室に直行すると、奥の椅子にひっそりとジムが座っていた。

私を見て驚くようすもなく、ジムはいった。「おはよう、エリー。今日も早いんだね。話の続きをするつもり？」そういってにっこりした。

「いいえ」私は答えた。「今度はあなたの話を聞きたいと思って。質問があるの」

私はいきなり切り出した。「どうして毎朝メールを送るの？　いつから、どんな目的で始めたの？　どうすれば毎日、新しい話題を思いつけるの？　休みたくなることはないの？」

「これは驚いた」とジムはいった。「1日も早く仕事を覚えたいっていってたけど、本気だったんだね」

二人とも声をたてて笑い、私は自分のカップにコーヒーをそそいだ。ジムとおしゃべりしていると、自分でも驚くほどくつろいだ気分になる。相手はこの会社の社長なのだから、もっと緊張していいはずだ。でも、あまりにも率直で飾り気のない人柄なので、好感を覚えずにはいられないし、のびのびできる。

ジムは愉快そうに話しはじめた。

「きみの質問はどれもいい質問ばかりだ。ただし、全部に答えられるかはわからないが……。メッセージを送りはじめたのは1年前だ。アリスという社員の夫が原因不明の病気で救急搬送された。命にかかわる重大な感染症で、回復の望みもないという。それでアリスから、夫のために祈ってほしいと頼まれたんだ。もちろん、引き受けた。そして思った。『わたしだけで祈るより、みんなにも祈ってもらおう』とね。次の朝、全社員にメールを送って、アリスの夫のために祈り、回復を願い、エネルギーを送ってほしいと呼びかけた。そのことが、アリスとこの会社にどれほど大きな影響をもたらすかなんて、想像もしていなかったよ。よかれと思ってしただけなんだ。翌日、アリスが涙声で電話してきた。夫が危機を脱して、快方に向かっているというんだ。アリスはわたしのメッセージと、自分に届いた激励の言葉に感動して泣いていた。そして大勢の人が、わたしのメッセージがすばらしかったとほめてくれた。これはわたしにとって、大発見だった。

わたしたちの会社は急に大きくなったので、お互いの人生に何が起こっているか、みんな無関心になっていた。全社員にメールを送ることで、小さな会社のような雰囲気をよみがえらせることができたんだ」

「つまり、あなたのメッセージで、お互い顔が見える関係になったのね」

「そのとおり。だけどそれだけじゃない。社内に情熱と連帯が生まれたんだ」ジムは慎重に言葉を選びながらつづけた。「なぜかわからないが、わたしのメッセージが変化を生み出している実感がある。会社にとっても、わたしにとっても、プラスの変化を」

「あなた自身にとってもプラス？」

「というのは、毎朝メッセージを書かなければならないから、いま大切なものは何かということを考えざるをえないんだ。自分の考えを整理して、目標を絞り込む必要がある。以前のわたしは、ベッドから起きるとすぐ飛び出して、いきなり仕事に全力投球する生活だった。でもメッセージを書くようになって、走り出す前にひと呼吸おいて頭を冷やせるようになった。社員からの返信もメールで来るけれど、堅苦しいやりとりはいっさいなしだ」

「メッセージを読み返したいこともあるから、それができるのもいいわね」

「同感だ」とジムは答えた。「エリー、きみの質問や意見はとても新鮮だね。もっと話していたいところだが、そろそろ行かないと」

腕時計を見てびっくりした。時間がこんなに早く過ぎるなんて、信じられない。

私も自分のデスクに向かい、仕事にとりかかった。ダリルから、今度は出張経費の請求用書式をつくってほしいといわれていた。外交員たちがクレジットカードの請求を記入すると、自動的にコードが振られて、経理ソフトに入力される仕組みだ。午前中にメールをチェックすると、ジムのメッセージが入っていた。

MAIL

みなさん、おはよう。ジムです。

みなさんに毎朝メッセージを送るのは、わたしにとってても大いに役立っています。というのも、わたしはベッドから跳び起きると、すぐ仕事人間に変身し、電話をかけたり、手紙を書いたり、目先のことにとらわれる癖があるのです。これでは、いきなり1日が始まって、自分を見失ってしまいかねません。メッセージを書くことで、あわただしく1日を始める前に、大切なことは何かを考えることができるのです。

私はこのメッセージを読んで感激した。ジムに会った日は、一度とも私との会話がメッセージのなかに取り入れられていたからだ。

2

「ビジョン」とは何か

水曜日、私はきっかり6時半に会社に着いた。ジムはコピー機のうしろにいた。そして、まるで昨日の続きでもあるかのように、いきなり話しはじめた。

「初めてメールをみんなに送ったとき、その反響が大きくて、何かを掘り当てた感じがしたんだ。わが社の歴史を説明しよう。そうすれば、当時のわたしが何を求めていたのか、わかってもらえるだろう。

父はすばらしい人だった。やる気と借金、そして社員を信じること、それだけでこの保険会社を興したんだ。社員からもお客さまからも尊敬されていた。とくに夫を亡くした女性たちには感謝されていた。社員に与えた影響は計り知れず、みんなが自信をもつようになった。本当の家族のようで、社内には幸せがあふれていた」

「どうやら、とても特別な方だったようね」

「そのとおりだ」ジムはいった。「父が社長だったころは、社内にエネルギーが充満し、熱意と情熱があふれていた。地域社会に奉仕する組織の一員として、社会に貢献していることをみんなが実感していたんだ」

「そして、いまは？」

「あのころとは同じじゃない。いろいろな経験をして、いまの地位に上りつめたのは誇りに思っている。社長になったのは10年ほど前、父が引退を決めてからだ。会社が大きくなったのはいいけれど、お客さまも含めてみんなの顔が見えなくなったことが、父には不満だった。残念なことに、父は退任してすぐ亡くなったから、引き継ぎにあたって十分に指導を受けることはできなかった」

「お気の毒に……」しんみりと私はいった。

「ありがとう、エリー。この10年、わたしはマネジャーとして有能だったと思う。明確な目標を設定し、社員が正しい行動をとったときは称賛し、まちがっているときは正しい方向に努力を向けるよう軌道修正した。社員から尊敬されていると思うし、楽しんで仕事をしてもらっていると思う。でも何かが足りない。若いころ、みんなが父に元気づけられていた、あのころのような輝きがないんだ」

「お金の面では、会社はうまくいってますよね」

「そのとおりだが、自分には、もっとみんなを変える力があると思う。毎朝のメッセージで、あのころの魔法のような力やエネルギーを少しでも取り戻せたら……そう思ったんだ」

私はちょっと考えてからいった。

「つまり、こうですね。世間にも認められ、成功した企業の社長になった。資金的にも余裕がある。でも、かつての輝きがない。経営者としては合格だけれど、もっと何かできるはずだ。そしてそれが何かがわからない」

「まあ、そういうことだ」とジムは答えた。

「そして、あなた自身も楽しくないし、物足りない」

ジムはいかにもうれしそうに笑った。

「きみには正直に告白するよ。きみのいうとおりだ。わたしはこの会社が好きだ。でも心の底から喜びを感じられないんだ」

ジムは腕時計に目をやった。「会議の時間だ」

出ていこうとして、ジムは一瞬立ち止まり、振り返った。

「まだ話したりない気がする。明日の朝に続きをやってはどうかな」

「それはすてき」と私は答えた。

私はその日、とても忙しかった。2週間後に四半期ごとの税金の支払いがあり、その担当者になっていたからだ。それでも少し時間があると、ジムの言葉を思い返さずにいられなかった。頭の体操になって、とても心地よかった。経営の問題について考えるのは、本当に何年ぶりだろうか。

＊＊＊

木曜日の朝、一緒にコーヒーを飲みながら、私はジムに話しかけた。

「昨日、お父さまが社長だったころは、すべてが〝全速前進〟だったとおっしゃったわね。ずっと考えていたのだけれど、あなたにとって〝全速前進〟とはどういう意味？」

「これはね、蒸気船が走っていた時代の言葉なんだ。エンジンを全開にして、全速力で進むということさ」

「たしか、戦争でも使われたセリフじゃないかしら。『機雷がなんだ、全速前進』って」

ジムはにっこり笑った。

「そこまでいわれたら、黙ってはいられないね。こう見えても歴史マニアなんだ。これは南北戦争のとき、海軍のファラガット提督がいった言葉だ。〝全速前進〟だったかもしれないし、〝全速で進め〟だったかもしれない。でも、きみのいうとおり、たとえ海中に機雷がしかけてあろうが、『機雷がなんだ』といって退却を拒んだんだ。でも、どうしてそんなことを聞くの？」

「〝全速前進〟という言葉には、向こう見ずに危険に飛び込んでいくというニュアンスがあるのかな、と思ったから」

「いいや、その反対だ。むしろ、はっきりした目的をもち、その実現に一生懸命取り組み、きっと実現できると自分を信じること――だからこそ、どんな障害があろうと、断固として前進していくという意味なんだ」

ジムは一瞬おいて、さらに付け加えた。

「父が生きていたころの会社は、まさにそういう会社だった」

「お父さまは、どうやってそれを実現したのかしら。もっとくわしく聞きたいわ」

「いいとも。父はこの会社をどういう会社にしたいか、はっきりしたビジョンをもっていた。そして、社員みんなもそのビジョンを共有していた。父はこの会社を、お客さまに愛される保険会社にしたかった。だからこの会社を、お客さまを愛する保険会社にしたんだ。単に契約がひとつ増えたと喜ぶのではなく、お客さまは将来の金銭的備えのために助けを求めている人たち、個別のニーズに応えてほしいと願っている人たち、と考えたんだ。社員全員が、自分たちの仕事はお客さまの人生を変えることだと心得ていた。おまけに、収益もすごかった」

ジムは笑いながらいった。

「父が、小学生を相手にする先生のように見えたこともあったよ。同じことを、何度も何度も繰り返すんだ。『お客さまの面倒を見なさい。そうすればあとのことは、自然と整っていくものだ』ってね。そして社員たちがそのとおりにすると、魔法のようなことが起こった。あふれんばかりのエネルギーと、感動と、情熱が生み出された。みんなが同じビジョンを共有しているから、お互いを信頼し、尊敬し合えた。問題をどう解決するかについては、それぞれの工夫にゆだねられた。貢献のしかたは、みんな違っていい。みんなが同じ船に乗っている仲間、ひとりひとりが大きな全体の一部だと信じられるからこそ、お互いの違いを尊重できるんだ」

「すごいパワーだわ」

「そうなんだ」ジムは答えた。「この目で見たことだからね。全員が同じ方向に向かっていた。全速前進でね」

「〝全速前進〟って、実はビジョンが生み出すパワーのことなのね」

ジムはにっこり笑うと、真顔になった。

「問題は、時代が変わったということなんだ。会社も大きくなったし、業界も様変わりした。法律や規制が複雑になって、父のことを知らない社員や、業界の歴史を知らない若い社員も増えた。たとえ父がこの時代に生きていたとしても、彼のビジョンで適切な指導ができたかどうか……。

きみと話していて気づいたんだが、全員が共有できるビジョンであることが大切なんだ。失った輝きを取り戻すには、そこがポイントだ。これまでわたしは、経営がしっかりして、業務の効率がよく、財務的に健全な会社をつくることばかり考えていた。だが、すぐれたマネジャーになるには、それだけでは不十分だ。リーダーシップとは、目標を示し、そこに到達することだ。会社をどこへ導いていくのか、それを明確にしなくちゃいけない」

「すばらしい考えだわ」そういいながら、次の疑問がわいてきた。「でも、ビジョンが見つからないとしたら、どうやって見つければいいの。ビジョンを生み出す条件って、何かしら」

ジムは笑った。

「そこがまさに問題なんだよ、エリー。父は、会社をどの方向へ引っ張っていくかを本能的に知っていた。全社全体が父のカリスマ性でまとまっていた。問題は、父が接着剤になってみんなが団結していたということなんだ。だから父がいなくなると、輝きも消えてしまった」

「ということは、カリスマ性がなくても成り立つビジョンじゃないといけない。もっと別のやりかたでつくれるビジョンでないと」

「きみは正直で、切り口がいつも新鮮だ。ものの考えかたが気に入ったよ。いつもだったら思いつかないような方向へ、わたしの思考を導いてくれる」

そしてそのとき、ジムの口から私の人生を一変させる提案が飛び出したのだった。

「エリー、きみさえよければ、もっと議論して、一緒にビジョンとは何かを考えないか」

私は一瞬のためらいもなく答えた。

「いいわ。何から始める?」

「手始めに、ビジョンを分解してみよう。説得力があって、向かうべき方向性を示してくれて、社員が心から参加したくなるようなビジョン——それには何が必要かを考えてみよう」

「いつから始める?」

「わたしはほとんど毎朝、ここに来ている。忙しい1日が始まる前に、ここで静かな時間を過ごすのが好きなんだ。考えごとをしたり、瞑想《めいそう》したりする大切な時間だ。裏口に近い備品倉庫だから、まさかわたしがいるなんてだれも思わないだろう。いまのところ、この朝の隠れ家を知っている者はひとりもいない。ここでビジョンについて考えるのはどうかな」

「いいわ。じゃあ同じ時間、同じ場所で、またあした」

＊＊＊

〝全速前進〟という言葉が気になっていた。そこでその晩、蒸気機関について少し調べてみ

た。そして蒸気機関が、産業と文明の発展に絶大な影響を与えた発明品のひとつであること
を知った。

事実、蒸気機関の発明なくしては、近代産業はありえなかった。それまで動力といえば人力、風力、そして馬などの動物を使うしかなかった。それが、蒸気機関1台で、何百頭もの馬に匹敵する力を生み出せるようになったのだ。蒸気機関ひとつあれば、工場の機械すべてをまるまる動かすことも可能になった。蒸気機関車は何千トンもの貨物を運搬し、蒸気船は高速で安全な輸送手段となった。〝全速前進〟という言葉は、ビジョンがもたらす変革のパワーを象徴するのに、ぴったりの表現だったのだ。

私は一刻も早く、ジムにこの大発見を知らせたいと思った。

3

ビジョンの要素① 有意義な目的

「すごいぞ、エリー」

翌朝、大発見のことを報告すると、ジムはそういった。

「蒸気機関の発明で大量のエネルギーや動力が得られるようになって、変革が起こった。だから、ビジョンのパワーを蒸気機関のパワーにたとえるのは、理にかなっているんだ」

ジムはさらに続けた。

「こちらも話したいことがあるんだ。きみは〝全速前進〟とは何かって、質問したね」

「ええ。あなたの答えはたしか、十分なエネルギーを得て、目標をはっきりと見定め、全力で前進することだって」

「そのとおり。それにこうもいった。目的をはっきりさせ、懸命に取り組み、自分の目的達成能力を信じること、そのうえでどんな障害があっても断固として突き進むことだと」

「覚えてるわ」そういって私はほほ笑んだ。

「それで今朝、思いついたんだ。つまり、説得力あるビジョンを生み出す大切な要素として『目的』というものがあるとね。実をいうと、父も『目的』には熱心だった。そして社員全員が『わが社の目的』を理解し、一致協力できるよう気を配っていた。これが父のビジョンの秘密のひとつだったと思うんだ」

「くわしく話して」私はうながした。

「『目的』とは、われわれはなぜこの会社で働いているのか、わが社はなんのために存在しているのかを理解することだ。わが社の〝真の〟使命はなんなのかをみんなが理解して、その『目的』の達成に向かって力を結集させることだ」

ジムはさらに続けた。

「エリー、きみはわが社の〝真の〟使命はなんだと思う?」

「それは簡単。保険を売ることよ」

ジムはちょっと考えてからいった。

「これまでは、わたしもそう思っていた。でも今朝、自分に問いかけてみたんだ。『わが社の製品やサービスを買うとき、お客さまが〝本当に〟求めているものはなんなのか』ってね。

保険はわが社の製品でありサービスであるけれど、どうしてお客さまはそれを買うんだろう。お客さまが最終的に求めているものは、なんなのだろう」

「だったら、わが社の使命は顧客サービスということ？」私はあてずっぽうに答えた。

ジムは声をあげて笑い、こう問い返した。

「エリー、最近、買い物をしたかい？」

「とんでもない」私は笑った。「お金がないもの。でもちょっと待って。去年、マットレスを買い替えたわ。でも、それがいまの話となんの関係があるの」

「どうしてマットレスを買ったのかな」

思い返してみると、当時の私は歩くと腰痛が出やすかった。カイロプラクティックの先生は、夫の両親から譲られた20年物のマットレスを買い換えるよう勧めた。だから新しいマットレスを買ったのだ。

さらに考えてみた。わざわざそのマットレスを買ったのはなぜだろう。マットレスに何を望んでいたのだろう。実をいうと、お店でずいぶん時間をかけて、何種類ものマットレスを試した。あれこれ姿勢を変えて寝心地もたしかめた。探していたのは、長年使っても変形せず、安眠を保証してくれる寝心地のよいマットレスだ。そこまできて、ジムが何をいおうとしているのかに思い当たった。

「わたしは安眠を買いたかったの」

ジムの表情がパッと明るくなった。

「それだよ！　それがマットレス販売店の〝真の〟使命――つまり安眠を提供することだ。さて、それならわが社の〝真の〟使命はなんだろう」

お客さまは、どうして保険に入るのだろう。自分のことを考えてみると、私は医療保険と自動車保険に入っている。夫が入っていた生命保険には、ずいぶん助けられた。これらの保険に加入した本当の理由はなんだったのだろう。何かが起きたときに備えて、経済的な安心を得たかったのだと思う。

「わかった！　保険を買う人は『将来の安心』を買っているのよ。万一に備えて経済的な保証を求めている。たとえば大病を患ったり、事故にあったり、命を落としたりしたときのためにね」

ジムはうなずいた。

「わたしも同じことを考えていたんだ。保険の加入者は、将来の経済的な安心を求めている。でもいっぽうで、高い保険料で現在の安心が脅かされるのも困る。さらに、保険金を請求するとき、しっかりサポートしてほしいという要望もある。

わが社の外交員たちは、お客さまひとりひとりがどんな安心を求めているのか、それを知るためにどんな質問をすればいいかを心得ている。最近の保険はいろいろな特約があって戸惑うことが多い。だから外交員の仕事は、それをひとつひとつひもといて、わかりやすく説明して、お客さまが自分のニーズに一番ぴったりくる商品やサービスを選べるようにすることなんだ。いっぽう、顧客サービスの担当者は、お客さまが保険金の請求方法や給付金について知りたいとき、あるいは料金比較をしたいとき、お客さまに安心を提供する。

わが社の使命はなんなのかをひとりひとりが理解することは、この会社の基本だ。そこから始まって、どんな製品やサービスを提供すればいいのか、どう売り込めばいいのか、さらに電話オペレータがどんな対応をすればいいかまで決まってくる。

何を提供するかを、お客さまの視点に立って考えること。そうすれば目的が深く絞り込まれることを父は知っていた。だからこそ、顧客リレーションシップの重要性を強調しつづけた。われわれは単に保険を売ってるんじゃない。保険によって保証と安心を提供することで、お客さまに仕えているんだ」

私はうなずいた。

「すばらしいわ。ビジョンには『目的』が必要ということね」

「そうだ」ジムはうなずいた。「『目的』は、ビジョンのカギとなる要素なんだ」

「じゃあミッションは?」と私は尋ねた。「スーパーやファストフード店などに行くと、必ずミッション・ステートメントが貼ってある。そういえば、クリーニング店でも見かけたわ。『わが社のミッション』というようにね。ミッションと目的は同じものなのかしら」
「そういう場合もある」ジムは答えた。「すぐれたミッション・ステートメントでは、必ず目的が明確にされている。残念なことに『ミッション』という言葉が乱発されて、いろいろな意味に使われて、少し混乱しているね。だから『目的』という言葉を使ったほうがシンプルだと思う。もちろん、『わが社の存在意義は何か』『わが社の使命は何か』を明らかにするものなら、名前なんてどうでもいいんだが」

＊＊＊

その日の午前中、例によってジムからメールメッセージが届いた。予想どおりの内容だった。

MAIL

みなさん、おはよう。ジムです。みなさんのがんばりで、第1四半期の業績は抜群でした。このままチームワークの勝利を続けるには、「わが社の使命は何か」ということを、たえず思い返す必要があります。

わが社は保険商品を扱っています。しかし、お客さまが本当に求めているのは保険ではありません。水晶玉の占いで、必ず保険が必要になるとわかっているならともかく、喜んで保険に入ろうという人はいません。でも将来の安心を手に入れ、いまの安心も手放さずにすむなら、人は進んでお金を払うのです。つまり「経済的な安心」を売ることが、わたしたちの使命だと思うのです。

みなさんはどう思うでしょうか。もしこれがわたしたちの使命なら、わたしたちはお客さまの予算の範囲内で、その人のニーズに的確に答える商品を、確実に提供しなければなりません。

では「安心を提供する」という「目的」を達成するために、わたしたちは何をすべきでしょう。お客さまに日々接している社員の方々は、そんなことはたやすいと思われるかもしれません。でも、あえてめいめいに考えてもらいたいのです。どんな部署にいようと、それぞれのやりかたで、「安心の提供」という「目的」を達成するにはどうすればいいのかを。

どうしてそれが大切なのでしょう。それは、お客さまの視点から見たとき、わが社の使命が「安心の提供」であるなら、わたしたちは自分たちの存在意義を自覚しつつ、「安心の提供」という「目的」をめざしつづけなければいけないからです。

そうすれば、わたしたちはこれからもずっと、よい成果をあげられます。わが社の「目的」について、もっと対話していきましょう。ではみなさん、よい週末を！

週末のあいだ、私はずっと「目的」について考えていた。そうなると、あらゆるものの「目的」が目についた。

金曜日の夕方のニュースを見ていたら、地元局のニュースの「目的」のひとつは娯楽であることに気がついた。魅力的なキャスターや気象予報士、スポーツキャスターたちが、ざっくばらんなおしゃべりを展開する。あたかも友達同士のように、ユーモアたっぷりに冗談を交わし合う。自分の住む町や地域の最新ニュースを、楽しみながら知ることができるようにつくられているのだ。

今度はCNNにチャンネルを合わせてみた。するとCNNのキャスターもジョークを交えておしゃべりしている点は同じだが、全米や全世界の緊急速報を提供することに注力しているようだ。CNNの「目的」についてもっと知ろうと、同社のサイトをのぞいてみると、CNNは国内外のニュースを24時間、リアルタイムで詳細に報道している放送局だとわかった。CNNの視聴者は、オンデマンドでニュースを見たい、忙しい人たちが多い。つまりCNNと地方局の夕方のニュースは、まったく異なる顧客ニーズに対して、まったく異なる「目的」をもっているのだ。

その週末は、ずっとインターネットの検索に没頭した。ジムは「目的」という言葉を使うほうがシンプルだといっていたけれど、私は「わが社の目的」と「ミッション・ステートメント」の両方をキーワードにして検索した。ジムもいっていたが、すぐれたミッション・ステートメントは、必ず明確な目的を含んでいるからだ。そして何時間もかけて、検索結果に目をとおした。

ステートメントの実例のなかには、その会社の存在意義は何か、そして顧客の視点に立って、どんなニーズに応えようとしているのかを訴えた、力のこもった明快なものもあった。だが、おざなりで、少しも迫力の感じられないステートメントも多かった。たとえ迫力はあっても、漠然としていてフォーカスや方向性が感じられないものもあった。たとえば「われわれのミッションは、言葉にしたことを実行すること」といったたぐいのものだ。

ある有名企業のミッションは「お客さまの期待を上回ることであり、わが社はこれを、われわれの共有価値にコミットし、最高レベルの顧客満足を達成することによって実現する」と述べていた。この会社の〝真の〟使命はいったいなんなのだろう。お客さまの視点に立って、どんなニーズに応えようというのだろう。そして、彼らの「目的」はなんなのだろう……さっぱりわからなかった。

フォーチュン500に名を連ねる、ある優良企業のミッション・ステートメントはこうだった。「高品質で低価格の製品・サービスに、アグレッシブな戦略的マーケティングを組み合わせることにより、お客さまに最大限の価値を提供すること」……何がいいたいのか、彼らの「目的」が他社とどう違うのか、まったくわからない。専門用語の羅列で、チンプンカンプンだ。

考えてみると、ミッション・ステートメントと呼ばれるものはたくさんあり、その書きかたについてもいろいろ意見があるけれど、どうすればミッション・ステートメントによって組織の「目的」を明確にできるのか、必ずしも一致した見解があるとはいえないようだ。

そこで「目的」を宣言しているサイトも検索してみたが、結果は同じだった。ジムのいう「組織の存在意義」や「顧客の視点から見た真の使命」を明らかにしているものは、ほとんど見つからなかった。

いっぽうで、明快で説得力のあるミッション・ステートメントを展開していたのは、ヤーマス市消防局のサイトだった。「われわれはヤーマスの住民と財産を災害から守り、より安全な町をめざし、防災についての教育を徹底し、迅速かつ効率的な消火活動にあたるべく全力を尽くす」とある。消防署の顧客としての私が期待するのは、まさにこれだと思った。彼らは単にどんなサービスを提供するかではなく、結果重視で自分たちの「目的」を考えている。私の町の消防士たちにも、同じように「目的」を考えてほしいと思った。

これとは対照的だったのが、別の町の警察署のミッション・ステートメントだった。彼らの目的は「法を執行すること」だという。いったいなんのために？ 言い換えれば、なぜ「法執行」というサービスを提供するのだろう。「憲法で保障されている市民の権利を守り、人々を危害から守ること」としたほうがはるかにいい。そのほうが、ずっと説得力のある、絞り込まれた「目的」になるだろう。

本で読んだところでは、ウォルト・ディズニーがテーマパークを開くとき、自分たちの仕事は「ハピネス（幸福）ビジネス」だといったそうだが、これはとてもいいと思った。

グーグル社のホームページにあったステートメントも、気に入ったもののひとつだ。「世界中の情報を整理して、世界中で入手・活用できるようにする」ことが彼らの目的だ。短くて明確、かつ具体的なステートメントになっている。

ここまできたところで、わかったことがある。つまりすぐれた「目的」とは、「なぜ」を説明するもの、そして「高い理想をめざす」ものでなくてはならない、ということだ。

週末のあいだに、新聞や雑誌の記事も検索してみた。するとニューヨーク・タイムズ紙におもしろい記事が見つかった。ミネアポリスにあるマッケイ社の会長で、*Swim with the Sharks Without Being Eaten Alive*（邦訳『マッケイのビジネス必勝講座』）の著者であるハーヴィ・マッケイが、「永遠に事業を続ける」ことを自社のステートメントに掲げたというニュースだ。

一見すると、これだけでは「すぐれたステートメント」の条件を満たしているとは思えない。あいまいだし、説得力も具体性もない。けれど記事をよく読むと、このステートメントは、マッケイ社の社員にとっては意義あるものなのだ。マッケイ会長はいう。

「永遠に事業を続けることを強調すれば、従業員が長期的視点をもつようになる。そして、お客さまや納入業者に無理な要求をして、ライバルにお客さまをとられたり、下請け業者のすぐれた技術が他社に流れたりすることがなくなる」

ステートメントだけでは、マッケイ社の「使命」ははっきりしない。けれどそこには、一見した以上に深い「意味」が込められていたのだ。

何より大切なのは、表面的な言葉づかいではなく、ステートメントに込められた〝意味〟なのだと、少しずつわかってきた。どんなに美辞麗句を並べても、その組織で働く人々にとってなんの意味ももたないなら、有意義な「目的」とはいえない。ミッション・ステートメントさえつくれば、社内が活気づき、目的意識が生まれるわけではない。逆に、その組織の人々にとって真に意義ある「目的」なら、そのステートメントは絶大なパワーを生み出すのだ。

＊＊＊

週末のあいだ、ずっと「目的」と「ミッション」のことばかり考えていた私は、一刻も早くジムと話をしたかった。そして月曜日の朝6時半きっかりに、会社の裏口のドアを押してなかに入った。

ジムは椅子に腰かけて、コーヒーを飲んでいた。「週末は元気だった？」と彼は尋ねた。

私は週末に調べたことを、洗いざらい報告した。

「結論をいうと、『目的』だの『ミッション・ステートメント』だのといっても、ほとんどは製品やサービスを説明しているだけ。ひどい場合は、決まり文句を適当に並べただけのものもあったわ」

ジムはうなずいた。「目的やミッションなんて考えるだけムダ、と思っている人が多いんだ」

「そのとおりね。ほとんどのステートメントは客を引きよせる販売戦略の一環で、従業員にはなんの参考にもならない」

そこで私たちは、「有意義な目的」の条件をリストアップしてみることにした。そして二人で考えた項目をジムがカードに記入し、壁に貼り付けた。

◎有意義な目的

・目的とは、組織の存在意義のことである。
・目的とは、単に事業の内容を述べるものではなく、「なぜ」その事業を行っているかという問いに答えるものである。
・目的とは、顧客の視点から見た、組織の〝真の〟使命を明らかにするものである。
・偉大な組織は、奥の深い、崇高な「目的」をもっている。つまり〝有意義な〟目的だからこそ、従業員の熱意をかきたて、やる気を起こさせるのだ。
・表面的な言葉づかいより、従業員に伝わる「意味」のほうが重要である。

「タイトルには『ミッション』じゃなく、『目的』を使いましょう」と私はいった。「あなたがいったとおり、効果的なミッション・ステートメントには『目的』がはっきり掲げられている。それだけじゃなく、従業員がその『目的』をどうやって達成すればいいか、どんな製品・サービスを提供するのか、その『目的』をどうやって維持していくかも述べられている。いっぽうで、何を、どんなふうに提供するかを述べただけで、『目的』について触れてないステートメントでは、焦点がぼやけてしまう。それでは、みんなもやる気が出ないし、働く意義を見いだせないわ」

コピー室を出る準備をしながら、私はジムに質問した。

「あなたが毎朝、メールを送る目的はなんなのか、気になっているの。先週は、はっきりした答えがもらえなかった。メッセージを送ることが大切なのはたしかだけれど、なぜ大切なのかはよくわからない、そう感じているのよね?」

「いい質問だ。今日は午前中にこちらを発って、今週いっぱい業界の会合に行ってくる。そのあいだに考えてくるということで、どうかな?」

「いいわ!」と私は答えた。「気をつけていってらっしゃい」

「今週いっぱい」ですって? 彼と朝のおしゃべりができないなんて、どんなにさびしいことだろう。彼との友情がどれほど大切なものになっているかに気づいて、私はハッとした。

＊＊＊

その週はダリルから頼まれた仕事に集中し、四半期末の税金の計算にも追われた。ダリルから頼まれた経費精算用の書式は、外交員たちにあまり評判がよくないようだ。私が申請のやりかたを説明したいと伝えても、忙しくて時間がとれないという返事ばかり。やっと面談にこぎつけた数人も、礼儀上そうしているだけで、さっぱり熱意が感じられない。

ダリルと外交員たちが対立していることも、徐々にわかってきた。ダリルにはうんざりだと、外交員たちが廊下で話しているのも耳にした。たしかにダリルは、最高に感じのいい男ではないけれど、仕事を正確かつ効率的に行うことに熱心で、その几帳面さには脱帽するほかない。

精算用の書式をつくりたい理由をダリルに尋ねると、会社の規模が大きくなって、経費の把握が難しくなっているからだという。外交員たちが期限内に領収書を出さず、いちいち本人をつかまえて確認をとるため、時間がかかって集計が遅れてしまうのだ。そこでマーシャとも相談し、精算用の書式をつくれば、わざわざ必要な情報をとりにいくムダが省けると考えたわけだ。

ダリルは外交員たちがだらしなく、金銭管理がずさんだと、歯に衣着せずこき下ろす。書式をつくっても問題は解決しないと私は直感したが、新入りということもあって口出しは控えておいた。

＊＊＊

その夜、ジムとの話し合いでわかったことをもとに、経理部の仕事を見直してみた。出社初日のマーシャの説明によれば、経理部の仕事は売上の管理、公共料金の支払い、給与計算、資産と在庫の記録・管理、決算書作成、税金の計算などがある。これは経理部が行っている仕事やサービスを列挙したにすぎず、ジムと私が定義したような「目的」にはなっていない。ひょっとすると、この「目的」が明確になれば、経理部の役に立つのではないだろうか。

外交員にいらだっているのはダリルだけじゃない。経理部のほかのメンバーも、外交員をジョークのネタにしていて、私はなんだか違和感を覚えていた。その週は、マーシャと一対一で話す予定になっていた。この機会に自分の気持ちを伝えようとも思ったが、いまのところはおとなしくして、自分の仕事に集中することにした。

＊＊＊

水曜日の朝、マーシャはあたたかくオフィスに迎えてくれた。

「調子はどう、エリー？　入社して2週間ね。仕事のようすはどうか、そろそろ話を聞いておこうと思って」

この会社に入って本当によかった、仕事は楽しいし、みんなとも仲良くやっていると、私は答えた。それから、進行中のプロジェクト、いまどんなことを学んでいるかなどについておしゃべりした。私の仕事の覚えが早いと報告を受けていて、予定より早く担当の仕事を増やすつもりだという。そして、わからないこと、悩んでいることはないかと聞かれたので、私は経理部全体の「目的」は何かについて、もう少し話を聞きたいと答えた。

マーシャは本棚のところへ行き、大学の教科書のような本を1冊取り出した。そして目次でページを探し、ある箇所を開いて、にっこりとほほえんだ。

「経理部の目的は、すべての収入と支出を記録・管理すること、それによって資金を管理・報告すること」

質問にすぐ答えられたので、マーシャは満足そうだった。私はお礼をいい、オフィスをあとにした。

複雑な気持ちだった。あれが経理部の仕事の説明？　お客さまの視点に立ったとき、経理部の〝真の〟仕事はなんなのか。そもそも経理部の「お客さま」はだれなのか。同僚にもいろいろ質問してみて得た結論は、経理部全体が、自分たちこそがお客さまだと思っているということだった。口にこそ出さないが、自分たちの最大の目的は財務情報を集めて整理することであって、そうした情報を迅速に提供するのは、全社員の務めと思っているのだ。

木曜日、親しくなった同僚数人とのランチで、私はダリルと一緒につくった新しい書式を外交員たちが使ってくれないとこぼした。彼らは笑ってこう説明した。外交員たちは「だらしないプリマドンナ」で、みんなが自分たちの後始末をしてくれると思っていると。「慣れるしかないわよ、エリー。昔からそうなの。ダリルは、自分とあなたの時間をムダづかいさせてるのよ」

金曜日の朝、とてもおもしろいことが起こった。ダリルが会社をやめたのだ。実をいうと、本当にやめたかどうかは定かでなかった。でも、ものすごい勢いでオフィスを出て行き、ランチタイムが終わっても戻ってこなかった。

事件の現場に立ち会ったわけではないけれど、外交員のひとりとダリルのあいだで激しい口論があったらしい。大声を出し、罵倒し合い、そのあとダリルが出ていったのだ。ふだんから感情を表に出さないダリルにしては、とても珍しいことだ。ケンカの相手だったユージンには会ったことがないが、冗談ばかりいっている陽気な男と聞いている。ダリルがつくった書式のことをバカにして、からかったようだ。

その日の午後は、自分の仕事だけでなく、ダリルの分も処理しなければならなかった。ダリルは次の週に大事な報告書を提出することになっていた。本当にやめたのでなく、月曜日には戻ってくればいいのだけれど……。そう期待して、せめて報告書のデータ入力だけでもしておけば、彼も助かるのではないかと思った。なかなか見つからない情報もあったが、大半は集めることができた。

作業が終わって時計を見ると、いつもより遅くなっていた。ほとんどだれもいない社内で、マーシャのオフィスは明かりがついて、ドアも開け放されていた。出ていこうとして通りかかると、マーシャに呼び止められた。

「入社早々、とんだ目にあったわね」マーシャは浮かない顔だった。「恥ずかしいところを見せてしまったわ」

「本当に驚いた。仕事を途中で放り出すような人には見えなかったけれど」

「そのとおりね。わたしもとても驚いた。ダリルもユージンも古くからの社員だけれど、こんなことは一度もなかった。仲がよかったわけじゃなくても、礼儀だけは守っていたのに」

マーシャが率直に本音を語るのを見て、前から考えていたことを話してもいいかもしれないと思った。

「前から思っていること、少し話してもいいかしら。まだ新入りだから、出すぎたことかもしれないけれど、新入りだからこそ、渦中にいる人たちと違う視点をもてることもある」

マーシャは、ジムと同じくらい話しやすい人だ。「いってみて」彼女はいった。

「問題は、ダリルとユージンの性格が合わないのではなく、もっと別のところにあると思う」

「性格の問題じゃないとしたら何？」マーシャは身を乗り出してきた。

「ジムと『目的』について話し合ったの。つまり、組織の使命は何かってこと」

「ええ、ジムから聞いてる。あなたの知性と感性の鋭さを、とても高く評価していたわ。ジムの人を見る目はすごいと思っている。だから、あなたの考えをぜひ聞きたいわ」

「二人がケンカしたのは、外交員たちの考える経理部の『目的』が、わたしたちのそれとずれていたからじゃないかしら」

「なるほど、それで？」

ジムと一緒に「目的」について考えてわかったことを、私はマーシャに話した。いままで経理部の「目的」、それもお客さまの視点に立った「目的」は何かがわからなかった。それもこれも、「お客さま」がだれかわからなかったからだ。外交員たちと話しているとき、経理部のことを冗談交じりに、〝数字警察〟と呼んでいた。いつも数字を出すよう、それも正確な数字を、期日までに提出するよう要求するからだ。

マーシャはため息をついた。

「つまり、どうして数字を出せと要求するのか、だれのためにその情報が必要なのかを明確にせよ、というのね？」

「そう。わたしたち経理部の真の使命はなんなのか、わたしたちの顧客とはだれなのか、ということをね」

マーシャの目が輝いた。

「そして、その目的を明確に掲げて、ほかの部署とも共有すれば、お互いにいがみ合ったりせず、ビジネスパートナーとして協力できるかもしれない。そういいたいのね」

「そのとおりよ、マーシャ。いさかいが起こると個人の性格のせいにしがちね。うちの子どもたちはすばらしい水泳チームに属しているのだけれど、性格がバラバラの子どもたちが、とても仲よくやっている。それは、同じチームに全力をささげているからよ」

「そしてチームがひとつになるには、どうすれば自分が貢献できるのか、みんなの理解が一致していないとね」マーシャはしみじみといった。

話の内容をすぐさま要約し、さらに深めていくマーシャの能力に、私は感嘆した。

＊＊＊

入社してからの3週間は、あっというまに過ぎ、子どもたちと顔を合わせることも減っていた。この週末こそは、対話を取りもどそうと心に決めていた。ところが、子どもたちには子どもたちの計画があった。私が何か提案しても、決まって彼らの予定とぶつかってしまうのだ。

そこで週末は、先送りになっていた雑用を片づけることにした。買い物や洗濯など、あと回しになっていたもろもろの懸案を解消するのだ。日曜日の夜には、冷蔵庫はつくりおきの料理がたっぷりストックされ、部屋はぴかぴかになった。そしてあとは、一刻も早く仕事に戻りたいと気持ちがはやった。

＊＊＊

月曜日の朝、会社に着くとマーシャが待ちかまえていて、まっすぐ彼女のオフィスに連れていかれた。

「週末は目の回る忙しさだったのよ。原因のひとつはあなた。土曜日はダリルとじっくり話し合って、幸い会社に残ってくれることになった。貴重な人材だから、どうしてもやめさせたくなかったの。彼にもいろいろ不満があって、説得するのがたいへんだった。でも金曜日にあなたと話したおかげで、現実をもっと広い視点で見なさいとうながすことができた。そうすれば状況は必ず変わるよってね」

「やめないと聞いてホッとしたわ」

「さあ、やることがたくさんあるわよ」とマーシャはいった。「手始めに、水曜日に経理部の全体会議を開くことにしたわ」

デスクに戻る途中、ダリルのところに顔を出した。私が金曜日に下準備をしておいたことに感謝していた。申請用書式について新しいアイデアが浮かんだから、すぐに手伝ってほしいという。

そんなこんなで、毎朝のジムのメッセージを読むのが遅くなってしまった。ジムは出張のあいまを利用して、「なぜメッセージを発信しつづけるのか」という、私の質問について考えていたようだ。

MAIL

みなさん、おはよう。ジムです。今日は、みなさんにこのメールメッセージを送っている理由を説明しようと思います。

第1の理由は、みなさんに「いま」を大切にして、人生を楽しんでもらいたいからです。エゴにとらわれたり、自分が世界の中心などと思い込んだりせず、広い視点をもってもらいたいのです。これは、このメッセージでつねに考えてきたことです。

第2の理由は、会社が大きくなっても連帯感をもちつづけ、力を合わせて全員の幸福を実現していきたいからです。正しいやりかたをしている社員がいれば、見逃さずにその貢献を賞賛したいのです。多くの方から返信をいただくことも、すばらしいことです。そうして寄せられた意見をみなさんに紹介できることも、またうれしいことです。

第3の理由は、私という人間の人生について、また現在やっていること、感動したものや人、喜びや悲しみ、そして学んだことを、みなさんに伝えたいからです。

第4の理由は、私たちの真の使命は何か、そして「わが社の目的」は何かを知りたいからです。わが社が成長を続けていくうえで、これはとても大切なことです。わが社はいったい、なんのために存在しているのでしょうか。この問いを忘れてはなりません。

では、ごきげんよう！

その日、廊下でばったりジムと出会い、出張のようすなど、立ち話でおしゃべりした。そして、今週も早朝に出社して話し合いを続けないかと誘われた。私は一も二もなく賛成した。

＊＊＊

翌日の朝、コピー機の陰の小さなテーブルで、「メッセージの目的」が明確になってとても助かった、とジムはいった。そして「目的」を明確にすることは、個人だけでなく、チームにも役立つだろう、という結論になった。

金曜日の騒ぎのことも、「経理部の目的」を明らかにする全体会議が開かれることも、マーシャからすでに伝わっていた。ジムはマーシャに請け合ったそうだ。経理部に関して何か提案があれば、必ずマーシャに相談するということ、そして私との議論は純粋に哲学的なもので、隠しごとはいっさいしないということを。

水曜日の経理部の全体会議は朝一番に開かれることになった。興味深い会議になりそうだし、これこそ「目的」のパワーを確認する絶好のチャンスだ。

その日のジムのメッセージは、まさにそのことを予告する内容だった。

MAIL

みなさん、おはよう。ジムです。今朝は、仕事の「目的」を理解することがいかに効果的かを示す、たとえ話をご紹介しましょう。

3人の労働者がビルの建設現場で働いていると、通行人が近づいてきました。最初の労働者は汚れて汗まみれで、仏頂面をしていました。通行人が「何をしているのですか」と尋ねると、労働者は「レンガを積んでるんだよ」と答えました。

2番目の労働者も汚れて汗まみれで、同じように仏頂面をしていました。通行人が「何をしているのですか」と尋ねると、2番目の労働者は「時給2ドルを稼いでるんだよ」と答えました。

3番目の労働者も、やはり汚れて汗まみれでしたが、希望に燃え、いきいきとした表情をしていました。必死で働いている点はほかの二人と同じなのに、この人は仕事を楽々とこなしているように見えました。通行人は3番目の労働者に「何をしているのですか」と尋ねました。すると彼は「大聖堂を建ててるんだよ」と答えました。

みなさんも、目先の作業に目を奪われず、「目的」という視点から自分の仕事を眺めてみてください。

マーシャは全体会議の冒頭で、以前にジムと私が考えた「目的」の条件（52ページ）を紹介した。そして、経理部の真の使命は何かをめぐって、率直な議論が戦わされた。議論の結果を、マーシャはこう要約した。

「経理部はビジネスパートナーというよりも、巨大な計算機のようなものと、自分たちも思っているし、外からもそう思われてきました。それを変える必要があります。わたしたちは必要な情報を正確かつ迅速に提供することで、ビジネスパートナーの正しい意思決定を助けなければなりません。そのためには、単にデータを集めたり、書類をつくったりしているだけではだめ。積極的に、ふさわしい情報をふさわしい人たちに、正しいタイミングで提供するよう努めるべきです。つまり、だれが、どんな情報を、いつ必要としているかを知っていなければならないのです」

こうして私たちは、以下のような目的ステートメントを作成した。

「経理部の使命は、社内の人々に財務面での『安心』を与えることである。そのために、正しい財務情報を、正しい人々に、正しいタイミングで提供する。

必要なときに正確な情報を提供し、あるいは助言することで、リーダーたちが賢い財務判断を下せるようにする。効果的な給与・会計システムを開発・維持する。法律で定められたあらゆる報告義務を正しく果たすことで、会社を守る」

次なる段階では、この目的ステートメントがさまざまな顧客（目的ステートメントによれば「社内の人々」）から見て的外れなものになっていないか、メンバーそれぞれが検証することになった。

「目的」を考えることが、経理部全体にいかに大きなパワーを吹き込んだかを目の当たりにして、私は感動に浸っていた。みんなの議論が白熱したことも、全体の士気を高めるのに大いに役立った。いつもは無口なダリルが、だれにも負けないほど熱心に議論に加わったのも驚きだった。

マーシャが「目的」を自分で考え、印刷して配るだけだったら、これほどみんなにインパクトを与えることはなかっただろう。経理部のメンバー全員が高揚感と目的意識にあふれて、会議室をあとにしたのだった。

4

ビジョンの要素②　未来のイメージ

経理部の全体会議の翌朝も、私はジムと会っていた。

「目的が明確になることで、本当にビジョンがいきいきしたものになるのね」

私はそういいながら、「経理部の目的」をめぐる話し合いを思い返した。

「でも、ビジョンはそれだけじゃないわ。別の何かが必要な気がする。『目的』によって自分たちのアイデンティティと使命ははっきりするけれど、どの方向に向かえばいいのかはわからない」

「そのとおりだ」とジムは答えた。「明確なビジョンにするには、めざす方向性が示されないといけない」

「アポロ計画のことを考えてみたらどうかしら。よくビジョンの実例として出てくるでしょう」

「1960年代の終わりまでに人間を月に送るという、あの計画？　だとしたら、めざす方向性があんなにはっきりした例はない」

「息子がいま、学校でその勉強をしているの。息子の話では、ジョン・F・ケネディがアポロ計画を立案したとき、月に人間を送る技術なんて影も形もなかった。NASAは想像を絶する障害を乗り越えて、夢のような結果を実現したのよ」

「アポロの月面着陸の瞬間は、あの時代に生きていた人間ならだれでも鮮明に覚えている」

「そんなにすごいことを成し遂げられたのは、イメージがあったからじゃないかしら。それが実現したときどうなるという、未来に対する鮮明なイメージが」

「それだよ！」ジムは叫んで続けた。

「めざす方向性を示す『未来のイメージ』――成し遂げようとする目標のイメージを描くことは、別の例でも効果をあげている。1976年のオリンピックでは、ソ連の選手が金メダルの大部分をさらっていった。ふだんはソ連があまり強くない種目までね。みんなあっけにとられて、ソ連の選手は薬物を使ってるんじゃないかという噂まであった。でも薬を使っていたんじゃない。

実は、トレーニングに『メンタルリハーサル』という手法を取り入れていたんだ。選手が競技中の自分をイメージする『ビジュアライジング』という手法で、いまではスポーツトレーニングに広く取り入れられている。でも当時はまったく新しい考えかたで、それがめざましい成果をあげたんだ。

娘のクリステンは急斜面でモーグルをやるとき、このビジュアライジングを応用している。レッスンを受けて、こぶの滑りかたはマスターしたけれど、自信をもてず、なんとなく怖かった。ところがある日、こぶだらけの難しいコースの上に立っていると、ひとりのスキーヤーがとてもきれいに滑り降りていった。まるでダンスをしているみたいに、なめらかに、リズミカルにね。そこでクリステンは、自分も同じようにリズミカルに滑り降りるところを想像してみたそうだ。

頭のなかに、まざまざとイメージを描いてね。そしたらどうだろう。本当にそのとおりにできてしまった。まるでダンスでもしているみたいに。それ以来、クリステンはいろいろな場面でビジュアライジングのテクニックを使っている。

最近はスポーツトレーナーのあいだで、メンタルリハーサルよりも『最終結果のビジュアライジング』が注目されているらしい。飛び込みなり、スキーなり、体操の演技なりを頭でイメージするんじゃなくて、表彰台に立ってメダルを受けとるところをイメージするというんだ。驚くだろう！」

最終結果のイメージですって⁉

そういえば、「目的」や「価値観」について調べていたとき、ＣＮＮのビジョン・ステートメントのなかに、自分たちのビジョンは「地球上のあらゆる民族に、英語およびその地域の言語で視聴してもらう」ことだと書いてあった。

これこそまさに「最終結果のビジュアライジング」であり、これから実現しようとしていることのイメージ化といえる。実際、このビジョンを聞いただけで、目を閉じてその場面を思い浮かべることができる。スティーブ・ジョブズが、すべてのデスクにコンピュータが置かれているところをイメージしたように、それはきわめて鮮烈なイメージであり、「ナンバーワンになる」とか「選ばれる提供者になる」といったあいまいな概念ではない。漠然としたいいかたでは、目的地や方向性をはっきり示すことはできないのだ。

そのときふと、双子を産んだあと、太ってしまったときのことを思い出した。妊娠前の体重に戻せなかっただけでなく、死線をさまよう夫を抱えての子育て中にも体重が増えてしまったのだ。双子が4歳になるころは、生活が安定してストレスから解放されたのに、標準体重を10キロもオーバーしていた。何度もダイエットに挑戦しては挫折した。ほんの少しの特別食でがまんし、子どもたちがアイスクリームを食べているときも、横でセロリをかじっていた。結局、ダイエットは諦めてしまった。腹ペコで惨めな思いをするよりは、太っていて幸せなほうがいいと開き直ったのだが、自分の容姿に対する不満は残った。要するに、行き詰まっていたのだ。

その後、私はとても効果的な方法を思いついた。着られなくなったお気に入りのジーンズを引っ張り出して、寝室にかけておいたのだ。毎晩、眠りにつく前にこのジーンズを眺め、もう一度それを着られるようになった自分を想像してみる。それを着たときの自分はどんなだろうかと思い描く。そして翌朝も同じことを繰り返すのだ。

すると、意欲がわいてきて、元気も出てきた。ダイエットにも再挑戦し、今度は禁断のアイスクリームにではなく、自分の理想の姿に気持ちを集中した。結果は大違い！　ダイエットは成功し、リバウンドもなかった。

失われたものばかりに目を向けず、ジーンズの似合う自分になりたいという、理想のイメージに精神を集中させたからできたことだった。

私はジムにこの話をした。そして私たちは、ここに重要な原理が隠れていると直感した。

なくしたいものではなく、
手に入れたいものに集中するとき、
イメージの力は効果を発揮する。

言い換えれば、〝受け身〟にならずに、〝積極的に先を見る〟ということだ。

その日、会社を出るときも、私の頭のなかは「イメージの力」のことでいっぱいだった。

マーティン・ルーサー・キング牧師の描いたビジョンには、いつも深い感動を覚える。自宅には、「私には夢がある」で始まる、あの有名な演説をプリントした紙がとってある。私はそれを探してきて、もう一度読み返した。そして、彼が描き出しているイメージの鮮烈さに、あらためて衝撃を受けた。


「私には夢がある。いつの日か、ジョージアの赤土の丘の上で、かつての奴隷の息子たちと、かつての奴隷所有者の息子たちとが、ともに兄弟としてテーブルにつくことを……。私には夢がある。私の幼い4人の子どもたちが、いつの日か、彼らの肌の色によってではなく、人格の中身によって判断される国に住むようになることを……。私には夢がある。いつの日か、アラバマ州で黒人の少年少女が白人の少年少女と手をとり合い、兄弟姉妹のようにともに歩むようになることを……。われわれは、黒人も白人も、ユダヤ教徒も異教徒も、プロテスタントもカトリックも、すべての神の子が手に手をとり、古い黒人霊歌の一節にあるように、『自由だ、ついに自由だ、全能の神よ、感謝します。ついにわれわれは自由になったのだ』と歌える日が来るのを早めることができるだろう」

まさしく、目をつぶれば、まざまざと思い浮かべられるような鮮烈なイメージがそこにはある。自由と兄弟愛の大切さを訴えるあいまいなステートメントではなく、自由と兄弟愛とはどんなものかをはっきりと示すイメージなのだ。

こうなってほしいという最終結果を、明確なイメージとして描くことに絶大な効果があることを、私はあらためて確信した。

キング牧師の描くイメージについて、もうひとつ驚いたのは、それが最終結果のみを描き、その結果を達成するまでのプロセスを描いていないことだった。その最終結果を得るにはどうすればいいかを、キング牧師は私たちにゆだねている。なのに、彼の示したイメージは、時の流れを超えた永遠の道しるべとして、いまも私たちを導きつづけているのだ。

ディズニー関連の本に、似たような例があったのも思い出した。ウォルト・ディズニーがキャストメンバー（従業員）全員に与えた指示にも、未来の明確なイメージが描かれている。「お帰りになるお客さまに、入ってきたときと同じ笑顔が浮かんでいるようにしなさい」お客さまがパークに2時間いようと、10時間いようと、彼にとっては同じことなのだ。ともかくお客さまに、ずっと笑顔でいてほしい。何しろディズニーは「ハピネス（幸福）ビジネス」なのだから。

ウォルト・ディズニーもまた、そのためにはどうすればいいかを教えてはいない。実現したい「最終結果」だけを示しているのだ。

翌朝、私はキング牧師の演説をジムに見せ、その根底に流れている原理を見つけたと伝えた。

実現にいたるプロセスではなく、最終結果に焦点を絞るとき、イメージの力は効果を発揮する。

私たちはビジョンの2番目の要素について、これまでにわかったことを紙に書き出した。

◎未来のイメージ

- 未来のイメージとは、最終結果のイメージであり、あいまいではなく、まざまざと目に浮かべられるイメージである。
- なくしたいものではなく、つくりだしたいものに焦点を置く。
- 最終結果に到達するまでのプロセスではなく、最終結果そのものに焦点を置く。

「ジム、わたしたちの会社にとっての『未来のイメージ』は何かしら」

「『すべてのデスクにコンピュータ』とか『人間を月に送る』のような、単純明快な未来のイメージを描くのは簡単じゃない」とジムは答えた。

「目を閉じてイメージを描いてみて。何が見える?」と私はいった。

ジムは目を閉じ、じっと黙っていた。そして数分後に目を開き、ほほえんだ。

「お客さまの笑顔が見えた。笑顔のわけは、わが社のスタッフ全員がお客さまの利益を優先しているからだ。外交員はお客さまが何を必要としているかをじっくり見きわめて、最適なプランやサービスを、もっとも安い値段で提案することができる。お客さまは、外交員が必要のないものを売りつけたりしないと信じている。そして何か困ったことがあれば、電話一本すればいいんだ」

「すばらしいわ」私は答えた。「ゆくゆくはひとつのイメージに絞り込まれるかもしれないけれど、いまのところは全体的なイメージを描くほうがいい。お客さまだけじゃなく、従業員や地域社会の人たちも含めた『未来のイメージ』をね」

「それはいい」とジムも応じた。「いいところまで来たね。でも、まだやることはある。週末にかけて休みをとって、妻や大学の同級生たちとスキー旅行に行くことになってるんだ。

リラックスして、いろいろと考えをまとめる時間がとれそうだ」
「うらやましい」そういいながら、自分の週末を思った。「あなたはスキー、わたしは洗濯」
ジムはくすりと笑った。「まさに働くママの生活だ。あと1日がんばって。来週の火曜日に、
また会おう。それまでに、二人とも何か思いつくかもしれないね」

5

ビジョンの要素③　明確な価値観

気をつけて楽しんできてねとジムに伝え、私は仕事にとりかかった。週の終わりの金曜日というだけでなく、税金計算の締切日でもあった。あわただしく1日が過ぎた。帰り支度を終え、ほっとくつろいで、今朝のジムのメッセージを開いた。そこには、ビジョンの第3の要素が語られていた。

MAIL

みなさん、おはよう。ジムです。今週末は、待ちに待った楽しい旅行。夫婦そろって、学生時代の友人たちと毎年恒例のスキー旅行に出かけます。何が楽しいかというと、私の価値観が豊かになり、リフレッシュして帰ってこられるからです。

そこでこの機会に、私が大切にしている価値観をみなさんにご紹介しましょう。

「私は『心の平和』を大切にする。自分より偉大な存在を身近に感じ、その無条件の愛を感じるとき、私は『心の平和』という価値観に従って生きている」

とくにスキー旅行のあいだは、このことを強く思うのです。朝早く起き、ゆったりとした時間を過ごしてから、1日をスタートさせます。そうすると、しみじみと心の平安を感じることができるのです。

第2の価値観はこうです。

「私は『喜び』を大切にする。心がうきうきするとき、朝、目覚めて自分の幸運や身のまわりの美しいもの、人生で出会ったさまざまな人々に感謝するとき、私は『喜び』という価値観によって生きている」

古い友人とともに過ごすのは、まさに「喜び」そのものです。会えばいつも、おおいに楽しみます。名もなき若者だった私たちも、いまやひとかどの成功を収めた大人になっています。それでも集まると、おごらず、地に足のついたつきあいです。自分の業績に必要以上にこだわる者は、ひとりもいないのです。

そして、私の第3の価値観はこれです。

「私は『健康』を大切にする。自分の体に愛と尊敬をもって向き合うとき、私は『健康』という価値観に従って生きている」

山にいるだけで、正しい食事や運動の大切さが身にしみてわかります。自分がいかに不健康だったかを痛感して、家に帰っても健康管理に気を配ろうと誓うのです。


ジムは自分の価値観をはっきり意識していて、それをよりどころにして日々の生活を送っている。

「価値観」というとき、その意味するところはなんだろう。なぜ価値観が大切なのだろう。「価値観」と、「目的」「未来のイメージ」はどう関係するのだろう。

その晩から、私はそれらの問いについて考えはじめた。そしてまず、娘の辞書を引いてみた。

「【価値】信念や理想のこと。それを欲しい、好ましいと思わせるような、事物の特質。〈例〉真の友情の価値」

あまり高尚な定義とも思えなかった。むろん、「価値観」が必ずしも「高尚」である必要はない。それにしても「価値観」は、単なる信念を超えた、もっと強い信念であるはずだ。人間は自分の「価値観」を大切にする。自分の価値観と一致した行動をとっていると、とてもいい気分になるものだ。

そんなことを踏まえて、私は「価値観」の定義を自分なりに考えてみた。

価値観とは、ある種の特質を好ましいと考える、強い信念のことである。
自分にとって何が正しく、何が大切かは、
その人の「価値観」によって決まる。
人は「価値観」を目安にして、判断や行動を選択していく。

「目的」が重要なのは「なぜ」の部分を説明するからであり、「未来のイメージ」が重要なのは「どこへ」を明らかにするからであるとしたら、「価値観」が重要なのは「どのように」を説明するからである。

「目的」を達成して、「未来のイメージ」に向かって進んでいくとき、日々どのような行動をとればよいかという問いに答えるのが、「価値観」なのである。

定義はこれでいい！

この定義が正しいかどうかをたしかめるために、もう一度インターネットへ戻って、すぐれた「目的」や「未来のイメージ」を掲げている企業のサイトを見直してみた。これらの企業は、果たして明確な「価値観」を掲げているだろうか。

思ったとおりだった！

たとえばグーグルのサイトでは、ミッションと同時に「10の事実」という理念を掲げて、自分たちの価値観を明らかにしていた。

ディズニーのサイトでも、自分たちの仕事は「ハピネス（幸福）ビジネス」であり、人々を笑顔にすることをミッションとするだけでなく、安全、礼儀正しさ、ショー、効率という4つの価値観（行動基準）を提示していた。

サウスウエスト航空のサイトにも、探していたものが見つかった。そこには「わが社の業務は顧客サービスであり、たまたま飛行機を運行しているにすぎません」とあった。そしてめざす最終結果のイメージは、「すべてのアメリカ人が、喜びごとであれ、悲しみごとであれ、友だちや仕事相手、親戚に会うために『空を飛ぶ自由』を得ること」である。さらに同社の日々の業務を導いている価値観は、安全、戦士の精神、召使（サーバント）の心、楽しいことを愛する姿勢である。

最近、ハーヴェスト・パワーという会社に関する記事を読んだばかりだった。有機ゴミを再生可能エネルギーに転換する会社である。この会社に明確な「目的」「未来のイメージ」、そして土台となる「価値観」があるのか、調べてみた。探しまわるまでもなく、同社のサイトにそれは載っていた。ホームページの一番上には、「目的」と「未来のイメージ」があった。

「私たちが思い描く世界は、価値ある資源を浪費するのではなく、収穫（ハーヴェスト）する世界です。私たちの仕事は、有機エネルギーと有機栄養物に関する製品・サービスを提供し、自然と調和した人間社会の営みに貢献することです。また廃棄物を有益な資源に転換する方法を生み出すことで、地域社会、企業、個人の持続可能な成長を支援します」

以上のような「目的」と「未来のイメージ」に続いて、5つの価値観が掲げられていた。

「**安全**：私たちは自社施設の設計・建設・運営においても、製品・サービスの提供においても、またあらゆる業務においても、従業員、近隣の方々、お客さま、そして環境にとって安全で健康的な方法を採用します。

倫理と誠意：社内・社外を問わず、人々との関わりにおいて、つねに正直に、誠意と尊敬をもって行動します。そうすることで、私たちの成功を支えている従業員同士、あるいはビジネスパートナー、近隣住民、投資家の方々の信頼を勝ちとり、信頼関係を築きあげます。

持続可能性：私たちは業務に対しても、世界に対しても、長期的な視点に立ちます。私たちの製品・サービスやビジネス手法は、企業としての長期的な持続可能性を追求するだけでなく、環境の持続可能性をも推進します。

結果：ビジョンを実現し、価値観を実践するには、現場で結果を出すことが不可欠です。私たちは野心的な目標を設定し、その達成をめざします。達成された結果によって成功を評価し、失敗から教訓を学びます。

情熱：私たちはミッションと価値観に情熱を傾け、何をするにも全力で熱心に取り組みます。私たちの情熱は周囲の人々に伝染し、みんなが協力してミッション達成に取り組みます」

おおいに参考になったのは、ハーヴェスト・パワー社が単なる言葉の羅列でなく、価値観のひとつひとつを明確に定義していた点だ。だからそれぞれの価値観が何を意味するのか、よく伝わってくる。安全な環境を生み出すことを仕事にしている会社だから、安全が価値観の上位に来るのは当然だ。また巨大な設備が稼働する施設をもっていることから、従業員ひとりひとりの安全も価値観によって保証されている。

以上のような、さまざまな企業の実例から、組織の「価値観」について3つの発見があった。第1は、「価値観」が「目的」と「未来のイメージ」を支えているということ。第2は、価値観の数がせいぜい4〜5つと、少数であること。そして第3に、さまざまな価値観に優先順位がつけられていることだ。

調べてみると、いちおう価値観は標榜《ひょうぼう》していても、数が多すぎたり、優先順位がつけられていなかったりする場合がほとんどだった。価値観が4ないし5つを超えると、人間の注意力は分散し、真の意味で行動を変えることはできないのだ。

また価値観は序列をつけられてはじめて、十分に効果を発揮するということも学んだ。序列があれば、さまざまな価値観が競合しても、どちらを優先すべきかがわかる。

その週末、私の学びを裏付けるような興味深い記事を、ニューヨーク・タイムズ紙に見つけた。記事はジョンソン・エンド・ジョンソンの価値観に関するものだった。「〈価値観は〉会社をひとつにまとめている接着剤のようなもの」と、同社の副社長マイケル・J・キャリーは述べている。「なりふりかまわず結果を出すのではなく、わが社の価値観のなかで結果を出すことが大事だ」

記事はジョンソン・エンド・ジョンソンが、企業の価値観を支えにして大ピンチを乗り切った事例を紹介していた。1982年、頭痛薬タイレノールに青酸カリが混入され、服用した人が死亡した事件である。

ジョンソン・エンド・ジョンソンの最優先の価値観は患者の安全と健康だったことから、ただちに7500万ドルを投じてタイレノールの回収が行われた。短期的には莫大《ばくだい》なコストがかかったが、長期的には当面の危機を乗り切るだけでなく、業績が事件前をしのぐ水準にまで回復したのだった。

この重大な決断に際して、ジョンソン・エンド・ジョンソンの人々はどんな議論を交わしたのだろうか。ぐずぐず迷っている余裕は、おそらくなかっただろう。死者の出た地域だけで製品を回収すればいい、という意見もあったかもしれない。事件を公表するのをやめよう、責任をよそへ転嫁しようという意見もあったのではないだろうか。

そんななか、迅速に正しい判断を下す唯一の方法は、企業の「価値観」を基準にすることだった。それは苦渋の決断だったが、企業にとっても、消費者にとっても、長期的に見て最良の決断を下すことができたのである。

同じジョンソン・エンド・ジョンソンに関する記事が、2010年5月5日付のニュースサイト、デイリー・ファイナンスでも見つかった。この年の5月、FDA（米食品医薬品局）が厳しい報告書を発表した。ジョンソン・エンド・ジョンソンが同社工場の問題解決に真剣に取り組んでいないとの指摘だった。記事によれば、「ジョンソン・エンド・ジョンソンは世界的な優良企業だ。いったんその名に傷がつけば、回復は遠い道のりになる。古い話だが、同社はタイレノールの毒物混入事件ですぐれた対応を行って模範を示した。しかし現在起きている製造上の問題には、実効性のある対応ができていない。この問題を解決できることを迅速に示さないかぎり、その名声に陰りが出てくるおそれがある」。ここからわかるのは、企業は価値観に支えられて〝全速前進〟できるようになるが、いっぽうで、その価値観を実践しつづけることができなければ、企業のイメージも収益も悪化しかねないということだ。

私はCNNのサイトを、あらためて見直してみた。興味深かったのは、CNNの「価値観」が「人材募集」のページに載っていて、企業文化にぴったり合う人材を見つけるために使われていたことだ。

「私たちが求めているのは、ニュースを迅速に、正確に、説得力をもって、世界中の視聴者に提供することに情熱をもつ人材です。私たちはCNNの未来を求めています。斬新なアイデア、革新的な視点、努力をいとわぬ勤勉さ、そして高度な報道姿勢をもつ人材を求めます」

そしてボタンをクリックすると、「迅速さ／正確さ／革新性／努力／高度な報道倫理」という、5つの価値観が表示される仕組みになっていた。

以上のような例から、その会社と調和する価値観をもつ人材を見つけるうえでも、「企業の価値観」をはっきり提示することが大切なのだと痛感した。

＊　＊　＊

一刻も早く、この発見をジムに伝えたかった。木曜日の朝早く、明るい光につつまれて、私はジムにほほえみかけた。

「あなたがスキー場で遊んでいるあいだ、何をしていたと思う？」私はいたずらっぽくいった。「ビジョンの第3の要素を見つけたのよ」

「ひさしぶりだね」ジムも笑顔を返した。「どんな要素を、どうやって発見したの？」

「あなたからよ」と私は答えた。「金曜日のあなたのメッセージがヒントになったの。価値観について語っている部分を読んで、突然、パズルが解けたの。パズルの最後のピースは、『価値観』よ」

「目的」は「なぜ」を教えるもの。
「未来のイメージ」は「どこへ」を教えるもの。
「価値観」は「どのように」を教えるもの。

はやる気持ちをおさえつつ、私は週末にした調べものについて報告した。そして「有意義な目的」や「未来のイメージ」を掲げている企業は、「明確な価値観」も掲げているということを伝えた。

「『価値観』とは何か、ビジョンとどう関係するかを、まとめてみたの」

そういって私は1枚のカードを差し出した。

◎価値観とは何か

・「価値観」とは、「目的」や「未来のイメージ」を追求する過程で、どう行動すればよいかを示す包括的な基準である。
・「価値観」とは、「自分は何を基準に生きるのか」という問いに答えるものである。

・「価値観」の数は少なめにし、重要度にしたがって優先順位をつけること。
・「価値観」の内容を明確にし、どんな行動をとればその価値観を実践できるかを示すこと。
・一貫性をもって実践されなければ、「価値観」は単なる「善意」で終わってしまう。
・メンバーひとりひとりの価値観と、組織の価値観を調和させなければならない。

ジムはカードに目を通すと、興奮ぎみにいった。

「ここに書いてあるとおりだ。『価値観』こそが、ビジョンの第3の要素だ。よくやった、エリー」

そしてそのカードを、「目的」と「未来のイメージ」のカードの隣に貼り出した。

「すぐれた企業は、自分たちの『目的』や『未来のイメージ』の土台になる『価値観』を掲げていた」と私はいった。「少なくともインターネットを調べたかぎりではね。たとえばCNNの使命はニュース速報を流すことだから、迅速さと高度な報道姿勢が大切にされていた。ディズニーは娯楽のためのテーマパークだから、安全、礼儀、ショーを重んじている」

「納得できる価値観だね」ジムはうなずいた。「価値観は、これこれが『望ましい』というようなゆるい願望じゃない。『何を』めざし、『どこ』へ向かうというプロセスのなかで、日々の行動や意思決定を導いてくれる、不可欠の要素なんだ」

ジムはさらに続けた。

「価値観の数は少なくてもいい、ただし重要度に序列をつける、というきみの提案も興味深いね。会社によっては、10以上の価値観を額に入れて飾っているところもある。基本中の基本みたいなことばかりだったけれどね」

「もちろん序列もつけてないのでしょうね」

「知るかぎりでは、つけてない」

私はさらに、組織の価値観を調べているときに見つけた記事のことも話した。ジョンソン・エンド・ジョンソンのリーダーたちが、1980年代のタイレノール事件の際、自分たちの価値観にもとづいて正しい意思決定を行ったという記事だ。

「ジョンソン・エンド・ジョンソンでは価値観のことを『信条』と呼んでいたけれど、ちゃんと優先順位がつけられていた。第1の優先順位は患者に質の高い、手ごろな価格の製品を届けること。健全な収益と投資家への適正な還元は、なんと最後に置かれていたわ。

記事によれば、経営陣が事件にあたって迅速に意思決定できたのは、価値観を参考にできたからだったそうよ」

私は続けた。「それで思ったの。もし価値観に優先順位がつけられていなかったら、お客さまの健康への配慮より、収益という価値観を優先していたかもしれないって」

私の言葉を聞いて、ジムは考え込んだ。

「そのとおりかもしれないね。実は娘のクリステンが高校を卒業するとき、家族でディズニーワールドに出かけたんだ。そのとき知ったんだが、ディズニーワールドがもっとも大切にしているのはお客さまの安全、次が礼儀正しさだそうだ。理想をいえば、両方とも実行すればいいんだが、両者がかち合う場合、どちらを優先すべきかがちゃんと決まっているんだ」

ちょっと考えてから、私はいった。

「たとえば、キャストメンバーがお客さまの問い合わせに礼儀正しく答えているとき、悲鳴が聞こえてきたら、そのお客さまに断ったうえで、悲鳴のした方角にただちに駆けつけるってことね。だって、お客さまの安全がいちばん大切ですもの」

ジムは笑いながらいった。「それはわかりやすい例だね」

「じゃあ、価値観を少数に絞り込み、優先順位をつけるってことは決まりね」

ジムはうなずいた。「もちろんだ」

「じゃあ、わたしたちの会社の『価値観』は何かしら?」

ジムは困ったような顔をした。

「いい質問だ。父の時代は会社が小さかったから、だれもが会社の価値観を理解していた。でも言葉にしたことはなかったんだ。言葉になっていないけれど、みんなが納得していた『わが社の価値観』といえば、やはり『企業倫理』と『人と人のつながり』かな」

「それがどうして、この会社の『目的』の達成に役立つの」私は首をかしげた。

「保険という仕事は、人々に安心を与える仕事だろう。そのためには、お客さまから信頼されなければならない。倫理観をもって行動し、しかもお客さまと良好な関係になければ、信頼していただけない」

「たしかにそうだわ。『企業倫理』と『人と人のつながり』が大切なのは、会社の『目的』を支えるものだからなのね」

「そのとおりだ。この2つは、お客さまに接する場合だけでなく、社内の仲間に接する場合にも、行動基準になるんだ」

ジムはさらに続けた。

「もうひとつ、わが社にとって大切な価値観がある。それは『成功』だ。約束したことを実現できなければ、会社の発展もありえないからね」

「よくわかるわ」とわたしは答えた。「でも、みんなはわかってくれるかしら」

「善は急げだ！」

ジムはにっこり笑うと、立ち上がってオフィスへと姿を消した。

＊　＊　＊

その日の午前中、予想どおりのメッセージがジムから届いた。

MAIL

みなさん、おはよう。ジムです。今日は価値観についてお話ししたいと思います。人間もそうですが、組織にも価値観があります。仕事をするうえでの基準になるような、暗黙のルールのようなものです。わが社ではどんな価値観が基準になっているのか、少し考えてみたので、ここでご紹介しましょう。

わが社には「企業倫理」「人と人のつながり」「成功」の3つに関する価値観が必要だと、わたしは思っています。そうした価値観を実践する行動とはどんな行動かということも、明らかにすべきでしょう。

大切なのは、社員全員が「わが社の価値観」にもとづいて行動すること、そのためにお互いに助け合うことです。

そこで、価値観についての対話をスタートさせたいと思います。みなさんは、わたしの考えた「わが社の価値観」に賛成ですか？　賛成だとしたら、どうすればそれを実践できるでしょうか。

ジムのメッセージを読んでいて、価値観について語るには、その価値観に合致する行動を具体的に考えていく必要があるのだと、あらためて思った。

ジムも以前のメールのなかで、自分の価値観は「健康」だなどと、いいっぱなしにはしなかった。「健康」という価値観と合致した行動とは何か、またそのためにどんな努力をしているのかということを、具体的に説明していた。だから「わが社の価値観」についても、社員たちに「『わが社の価値観』に合致した行動とはどんな行動か」と問いかけたのだ。

＊＊＊

翌朝のコピー室で、私はジムにこう語りかけた。

「昨日のメールで、何かが動き出した気がする。お昼休みも『わが社の価値観』の話題でもちきりだったわ」

「それはよかった。この問題は、長年の懸案だったからね。きみがインターネットで見つけた模範例にならって、もっと価値観を絞り込むよう、みんなにはっぱをかけるつもりだ」

「インターネットを見ていて、すぐれた会社はみんな価値観がはっきりしているし、それにもとづいて行動したり判断したりしていることがよくわかった。でも、どうして『価値観』がそんなに重要なのかしら」

「それについては、わたしもずっと考えてきた」とジムは答えた。「自分の価値観をはっきりさせることは、個人的にはとてもプラスだった。価値観にこれほど大きな力があるのは、人間の感情に訴えるものだからなんだ。人は自分の価値観にこだわるし、強い愛着を感じるものだ。自分の価値観に従って行動しているときは、自分に誇りがもてるんだ」

「つまり『価値観』は、『目的』や『未来のイメージ』を達成するための原動力というわけね。価値観をもつことで、元気が出るし、わくわくできる。だから、障害があってもがんばれる」

「そうだ。まして個人の価値観と会社の価値観が一致していれば、なおさらだよ。明確な価値観が重要なのは、そういう情熱がわいてくるからじゃないかな」

私はちょっと考え込んだ。

「ほかにも理由があるんじゃないかしら。みんなが共通の価値観をもつと、組織全体が一貫した行動をとれるでしょう。うちでは芝生の手入れや除草を専門の会社に頼んでいて、毎年、夏に来てもらうのだけれど、来る前に必ず電話を入れるようお願いしていた。窓を閉めたり、庭にあるおもちゃを片づけたり、子どもたちを別の場所で遊ばせたりするためよ。でも、その会社はあてにならなくて、人によって事前に電話してくれる人とそうでない人がいて、おもちゃがあっても平気で除草剤をまいてしまう人もいた。環境への配慮がきちんとルール化されていなかったのね。大切な価値観なのだから、明確にしておけば、除草剤をまく人たち全員がルールに従えたと思う。事前に連絡を入れるだけじゃなく、わたしがいなくても自発的におもちゃを片づけることだってできたはずよ」

それからしばし、私たちは無言でコーヒーをすすりながら、価値観の大切さに思いをめぐらせた。

「『価値観』というテーマ、気に入ったよ」仕事にとりかかろうと席を立つ私に、ジムはそう声をかけた。「ビジョンが、ますますいきいきしたものになってきた」

＊　＊　＊

ふたたび、経理部の会議の日がやってきた。予想どおり、マーシャは「経理部の目的」をもう一度吟味して、その「目的」を支える「価値観」は何かを考えようとみんなに呼びかけた。

さらに前回の会議でまとめた「社内に財務上の安心を与える」という「目的」に、「未来のイメージ」（正しい財務情報を、正しい人々に、正しいタイミングで提供する）を盛り込むことも提案した。

経理部が大切にする「価値観」の候補として、正確さ、信頼、チームワーク、誠意、迅速さ、尊敬、安全、創意工夫、楽しむこと、などが提案された。マーシャは、価値観を5つ以内におさめることを求めた。

私は「楽しむこと」に投票したけれど、最終案には採用されなかった。だれかが指摘したように、経理部は娯楽産業ではないのだから、当然かもしれない。しかしマーシャによれば、会社全体、あるいは経理部の価値観と衝突しないかぎり、自分自身の価値観ももってかまわないという。だから私も、「楽しむこと」という価値観を、なんらかの形で貫こうと思った。ダリルのように真面目すぎる人たちは、もっと人生を楽しむべきだと思ったからだ。

こうして私たちは、経理部の「目的」と「未来のイメージ」にもとづいて、以下のような「価値観」を、以下の優先順位で定めることにした。

- **誠意**
- **知識と専門性**

・説明責任
・チームワーク

次の段階では、それぞれの価値観をより明確に定義して、日々の行動にどのように応用すればいいか、みんなで理解を共有することになった。

「目的」「未来のイメージ」、そして「明確に定義された価値観」の3つがそろうことで、わが経理部に本物のビジョンが確立されたように思えた。ジムも、これには賛成してくれるだろう。

6

「ビジョン」を定義する

次のジムとの朝の話し合いでは、ビジョンについて、これまで学んだことをすべておさらいした。私たちはとても満足していた。

「ついに、重要な要素がすべて網羅されたね」とジムがいった。

説得力あるビジョンを生み出すための3つの基本要素

・有意義な目的

・未来のイメージ

・明確な価値観

「でも、3つの要素がすべてそろわないと、『説得力あるビジョン』にはならないのかしら」

私はつぶやいた。

「そんなことはないさ。アポロ計画でいえば、NASAは最終結果を明確にイメージしていたが、そこに達するためのプロセスははっきりしていなかった。そのイメージのおかげでNASAは力を集中できたし、めざましい成果を上げることができた。それほど『未来のイメージ』は強力だった。ところが当時のエネルギーや勢いは、いまではすっかり影を潜めている。イメージの力が衰えてしまったからなんだ」

「たしかにそうね」と私はいった。「いまごろは、もう火星に行っているはずだったもの」

「それは、根っこにある『目的』について、きちんと合意できていなかったからじゃないかな。どうしてこれをやるのか、宇宙開発競争に勝つためなのか、スター・ウォーズ防衛計画のためなのか、あるいはスター・トレックよろしく、『前人未到の分野に果敢に挑む』ためなのかということがね。そういう『有意義な目的』がなければ、未来に向けて決断を下していくことはできない。だからNASAは、明確な方向性を描けなくなったし、めざましい成果も上げられなくなったんだ」

私は首をかしげた。

「ということは、アポロ計画は『ビジョン』じゃなくて……いわば、強烈な『未来のイメージ』をもった目標にすぎなかったわけね」

「そのとおり」とジムはうなずいた。「あれが『ビジョン』だったら、もっと長つづきしていたはずだ。ひとつの目標が達成されても、たえず次の方向性が示されるからね。目標とビジョンを見分けるには、『次はどうするか』を考えてみるといい。ビジョンがあれば、次にとるべき行動がはっきり見えるはずだし、ある目標が達成されても、次の目標が設定できるはずだ。逆にビジョンがなければ、目の前の目標が達成されればそれでおしまい、ということになる」

「あなたの説明で、よくわかったわ」と私はいった。「でもこれは、どんな状況にもいえることなのかしら」

「いえると思う。たとえば、きみのダイエットのことを考えてみよう。きみは最終結果をイメージした。そしてその目標が達成されたら、それでおしまいだった。そうじゃないかね?」

そういわれると、たしかにそうだった。私は最終結果をはっきりイメージしていたけれど、「やせる」のはあくまで「目標」であって、「ビジョン」ではなかった。もちろん、やせることがもっと大きな目標の一部になることだってありうる。たとえば「健康な体をつくって自己イメージを高める」といった、はっきりしたビジョンがある場合だ。

「ビジョンとは何かについて、もっとしっかりした定義がほしいわね」

こうして私たちは、ビジョンの定義を次のように定めることにした。

◎ビジョンとは何か

・ビジョンとは、自分は何もので、何をめざし、何を基準に進んでいくのかを明らかにすることである。

「『自分は何ものか』がわかれば、『目的』が明確になる。『何をめざすか』がわかれば、『未来のイメージ』が描ける。そして『何を基準にするか』がわかれば、『価値観』がはっきりする」

「すばらしい定義だ」とジムはいった。「自分が何ものかわからなければ、何をめざせばいいのかわからない」

「そして何かをめざすには、基準となる『価値観』をはっきりさせなければならない。でないと、壁にぶつかったとき、正しい判断を下せないから」私は付け加えた。

「まさに、価値観があるから〝全速前進〟できるんだ。どんなに馬力のある船でも、天候だけはどうすることもできない。目的地はわかっていても、嵐や氷山を避けて迂回《うかい》しなければならないこともある。本来の目的地を見失わずに航路を変更していくには、『価値観』という羅針盤が必要なんだ」

そこで私たちは、ビジョンが十分に説得力あるものになっているかをたしかめる「チェックリスト」をつくることにした。

◎「説得力あるビジョン」のチェックリスト

□そのビジョンは、私たちの〝真の〟使命を理解させてくれるか。
□そのビジョンは、望ましい未来のイメージを、目に見える形で示してくれるか。
□そのビジョンは、日々の意思決定を導く指針となってくれるか。
□そのビジョンには、永続性があるか。
□そのビジョンは、単にライバルを打ち負かすためのものでなく、「偉大なもの」をめざすビジョンか。
□そのビジョンは、数字だけのビジョンでなく、元気を与えてくれるビジョンか。
□そのビジョンは、チーム全員の心と精神に訴えかけるか。
□そのビジョンは、ひとりひとりに、自分がどのように貢献できるかを自覚させてくれるか。

これらの要件を満たすビジョンなら、人々に明確な方向性を与え、意欲をかき立てることができる、と私たちは考えた。

私たちはゾクゾクしていた。とても大切な、力にあふれた何かを求め、それを探り当てつつあるという感触を、二人が二人ともつかんでいた。パズルを解くようで楽しい、ともジムはいった。力を合わせたからこそ、ひとりではとうてい望めないような発見ができたのだ。

＊＊＊

翌朝のジムのメッセージは、ビジョンは組織だけでなく、ひとりひとりの個人にとっても重要であることを思い出させてくれた。

MAIL

みなさん、おはよう。ジムです。

昨晩、ある作業をしていて、こう思いました。選ぶのは、私たち自身なのです。すぐれたリーダーになるうえでも、社会に貢献するうえでも、出発点は心だということです。私たちは2つの選択をしなければなりません。

①だれのために生きるのか。
②どんな人間になろうとするのか。

2つは同じと思われるかもしれませんが、同じではありません。第1の問いは「だれのために生きるのか」ということ。つまり「どんな聴衆に向かって、どんな役を演じ、だれを満足させようとするのか」ということです。前にもお話ししたように、過去の実績やまわりの評価で自分の価値が決まると思っていたら、落とし穴にはまって、日々、自信が揺らいでしまうでしょう。けれど、よりレベルの高い人々、より高い理想のために生きようとするなら、話は違ってきます。正しいと思うことを、他人の意見にまどわされず、思ったとおり実行できるようになります。つまり信頼に足る、確固たる行動をとれるようになるのです。

第2の問いは、「自分は何ものか」というアイデンティティの問題です。あなたの人生の目的はなんなのか。どうしてこの世に生まれたのか——これが非常に大切だと思うのです。つまり、すべての人が、自分はどうして生きているのか、いったい何をしようとしているのかを考えるべきなのです。はっきりした目的がなければ、あれこれ迷いが生じて、どんな方向へ流されていくかわかったものではありません。それもこれも、人生の目的が本当にわかっていないためなのです。

この2つの問いに答えることができ、しかもその答えにもとづいてどんな行動をとればいいかをはっきりイメージできれば、みなさんは人生を思う存分に生き、〝全速前進〟で進んでいくことの喜びと豊かさを味わえるでしょう。

ジムのメッセージを読んで、私たちが考えた「説得力あるビジョン」の必須条件は、企業にも個人にもあてはまるのだと思った。

人間は集団でいるときも、ひとりでいるときも、「有意義な目的」、どこをめざすかの「イメージ」、そして「明確な価値観」を必要としている。それは私たちの人生に、意味と方向性を与えてくれる。それによって私たちは精神を集中し、活力にあふれ、偉大な成果をあげることができるのだ。

7

ビジョンがぼやける

入社して2カ月が過ぎ、調子は上々だった。仕事は楽しく、達成感を感じ、仲間もできた。自分でお金を稼げることもうれしかった。そしてなんといっても、毎朝のジムとのおしゃべりが豊かな時間を与えてくれた。

月曜日の早朝、ジムとおしゃべりしていると、携帯電話が鳴った。息子のアレックスからだ。「ママ、怒らないでね」息子はいった。「実は学校へ行く途中で、同級生とけんかになっちゃって……。ぼくは大丈夫。本当に。いま警察の人と一緒なんだ。ママと話がしたいって」

何ごとなの！　私は息をのんだ。

「息子さんはいまのところなんともありません」と警察官がいった。「でも、一時的に意識を失って、額に切り傷があります。いま救急車を呼んでいますので、病院のほうへ来てください。事情をお聞きしたいので」

頭のなかが真っ白になって、電話を切った。

「息子がけがをしたらしいの。病院へ行かなくちゃ」

あせって立ち上がったせいか、一瞬めまいを感じ、ふたたび椅子に座り込んでしまった。

「この状態で運転は無理だ」とジムがいった。「車はどこ？　わたしが運転していこう」

私はジムに礼をいい、一緒に外へ出た。

運転してもらいながら、断片的な情報をジムに伝えた。

病院に着くと、アレックスは警官に付き添われて先に到着し、診察室で医師が来るのを待っていた。振り向いた息子の顔を見て、息が止まるかと思った。片目にあてた布が真っ赤に染まっている。

アレックスは「ママ」というなり、泣きはじめた。肩に手を回し、「いったい何があったの？」と尋ねた。

息子は取り乱して、まともに答えられない。そのとき医師が入ってきて、診察が始まった。目の上が切れていた。

「たいしたことはないが、縫合しておきましょう」医師は冷静にいった。「一時的に意識がなくなったそうだから、今晩は入院するんだよ」

入院ですって？　そんなに重傷なのだ。

警官が近づいてきて、外で話がしたいという。アレックスは看護師に手当てをしてもらっていたが、どうやら落ち着いているようだった。ジムはずっと、そばで岩のように控えていた。そして一緒に診察室の外までついてきてくれた。

警官が切り出した。「通報してくれた近所の方の話と、これまでにわかっていることを総合すると、息子さんは少年3人と乱闘になって、うちひとりが息子さんの顔面を石で殴ったようです。息子さんが倒れたのを見て少年たちは逃走しましたが、近所の方が駆けつけたとき、息子さんは気を失っていました。ご本人は乱闘の最中のことを覚えていないようですが、少年たちは以前から息子さんをいじめていたそうですね。これまでのいきさつをお話しいただけますか？」

私は言葉を失って警官の顔を見た。これまでのいきさつですって？　いじめのことは初耳なのに、いきさつなんて知ろうはずがない。私は警官に、いじめのことを聞くのは初めてだと答えた。

警官はさぐるような目で私を見た。家庭状況を推しはかっているのだろう。この母親には問題ありと思ったのかもしれない。

「被害届を出したいのでしたら、電話をいただくか、警察署までお越しください」

警官は電話番号を教え、去っていった。

私は呆然としてジムのほうを振り返った。ジムは私の肩を抱いていった。

「問題はひとつずつ片づけていこう。まずはアレックスの容態だ」

私たちは診察室に戻った。その日は、あわただしく過ぎていった。外科医がアレックスの傷を縫って、包帯を巻いた。アレックスは病室に移され、患者用のガウンを着せられた。血で汚れた着衣は私の手に渡された。ジムは私の車をその場に残し、タクシーで会社に戻っていった。

その日はずっとアレックスに付き添って病院にいたが、事情を聞き出そうとしてもアレックスの口は重かった。薬のせいで眠いのかもしれないし、いろいろなことがあったので疲れているのかもしれない。そう思って、無理に問いただすのはやめておいた。私は午後いっぱい病室に付き添い、うとうとする息子を見守った。

＊＊＊

6時ごろ病院を出て、ディベートクラブの練習に行っているジェンを迎えにいった。アレックスの事件について話すと、ジェンは憤慨していたが、思いのほか冷静だった。

「いつかこういうことになるんじゃないかと思ってた。これで、だれかが何かしてくれるでしょうよ」

その声は怒りを含んでいた。

アレックスを傷つけた少年たちに対して怒っているのだと思い、とくに気にも止めなかった。会話のないまま夕食を終え、ふたたび病院に戻ってアレックスに付き添った。息子が眠っているのを、雑誌を読みながら見守った。そして夜のあいだに悪くなることはないと看護師にいわれたので、ふたたび家に戻った。

家に戻り、ジェンの部屋をのぞくと、すでに眠っていた。そのときになって、娘のいった言葉がよみがえってきた。「いつかこういうことになるんじゃないかと思ってた。これで、だれかが何かをしてくれるでしょうよ」……怒りがにじみ出た口ぶりだった。あの怒りは私に向けたものだったのだろうか。私がどれほど愛しているか、二人はわかっていると思う。けれど、二人の気持ちに無関心だったかもしれない。そっけない態度をとるのは親離れの証拠と思ったのは、実は私に対する怒りの表れだったのかもしれない。

ベッドに入ろうと思ったとき、急に割れるような頭痛に襲われた。よろけながら薬を取りにいこうとして鏡をのぞき込むと、目の前がぼやけて、自分の顔が見分けられなかった。

その晩は、家族に何が起きているのか、母親としてどう対処すべきなのかを考えて、ほとんど一睡もできなかった。

真実を直視するのは、ときにつらいことである。こうあってほしいという幻想にすがりついているほうが、よっぽど楽だ。文句をいわないから子どもたちは大丈夫と、ずっと思い込んでいた。鏡をよくよくのぞき込むと、そこにはときに、驚きの事実が待っている。

＊＊＊

翌朝早く、私はアレックスを病院に迎えにいった。今日は終日、休暇を取ってある。家に着くまでのあいだ、アレックスは妙におとなしかった。ハンドルを握る私も、ほとんど口をきかなかった。家に着くと、私はアレックスのために朝食を用意した。

息子の隣に座って、こう切り出した。

「あなたのことが大好きよ。このところ、そのことを伝えてなかったわね。あなたのことが心配なの。助けになりたいの。だから、何か事情があるなら話してちょうだい。家族のことでも、わたしに対してでもいい。学校のことや、昨日けんかした友達のことでもいい。いいたいことがあったら、なんでも話して。どんなことでも黙って聞くから」

息子は唇を噛みしめ、顔を真っ赤にして答えた。

「ママは、ぼくのことなんてちっとも気にしてない」息子はそう叫んだ。「いまのママは、仕事のことで頭がいっぱいじゃないか。これじゃ家族でもなんでもない。ぼくはすごく孤独だった。でも、ママはそんなこと全然気にしてなかった」

「ごめんなさい、アレックス。本当に悪かったわ」

私はそういって、アレックスを引き寄せた。彼はすすり泣きはじめた。

ようやく気分が落ち着くと、彼は語りはじめた。

「2、3カ月前から、友達にからかわれるようになったんだ。男で美術クラブに入っているのはぼくだけだからって。それで美術クラブをやめたけど、いじめは止まらなかった。知らんぷりしていたら、ますますエスカレートして、昨日、学校に行こうとしたら、あとをつけてきて、またはやし立てたんだ。がまんできなくなって、今度は無視するのはやめて、こっちもいい返してやった。ママが聞いたら、卒倒しそうな言葉でね。すると、あいつらはあきらめるどころか、ぼくに飛びかかってきて、殴りはじめたんだ。石で殴ったやつがだれなのか、わからない。あとのことは、ほとんど覚えていないんだ。女の人が道路に飛び出してきたんで、あいつらはびっくりして逃げていった。その人が警察を呼んだんだと思う」

「そんな大事なこと、どうしてわたしに話してくれなかったの」

アレックスはいかにもいいにくそうに、しばらく口をつぐんだままだった。けれど、ここで引き下がるわけにはいかない。私はじっと答えを待った。

彼はとうとう口を開いた。

「さっきもいったでしょ。ママはいつも仕事で忙しそうだから、自分のことは自分で解決しなきゃいけないと思ったんだ」

「だれかほかに、このことを知っているの？」

「ジェンは知ってる。それ以外はだれにもいってない」

「だからジェンは、あなたがけがをしても驚かなかったのね」と私はいった。「ショックを受けたというより、怒っているように見えた」

「それは、怒っているんだよ」

自分が母親としての義務をいかに怠っていたか、じわじわと実感が迫ってきた。

「とりあえず問題は2つあるわ。第1は、いじめの問題。これについては、ひとりで解決しようと思っちゃだめ。警察に被害届を出して、相手の親にも知らせましょう。学校にも報告して、話をしにいくわ。二度と意地悪されたり、からかわれたりすることが、絶対ないようにね」

アレックスはほっとしたような表情をした。

「2番目の問題は、ジェンとあなたとママで、一緒に解決しなきゃね。家族のこと、それぞれにどんな問題があって、どうすれば改善できるのか、ちゃんと話し合いましょう」

その日の午後、アレックスと私はクッキーを焼き、牛乳を用意して、ジェンが学校から戻るのを待った。それまでの何時間かで現状を分析し、ともかく子どもたちの言い分を聞こうと腹を決めた。そして二人に、家族会議を開くことを提案した。

ジェンはまことに手厳しかった。私がどれほどダメな母親だったか、歯に衣着せぬ言葉でいい放った。アレックスも私に腹を立ててはいたが、ジェンほどはっきりとはいわなかった。「ママはもう、わたしたちのことなんてどうでもいいんじゃない」ジェンはいきり立った。「ほとんど料理もしないし、冷凍グラタンを温めるか、ピザの宅配を頼んでばっかり。朝はわたしが起きる前に出ていっちゃうし、わたしがいつベッドに入ったかも気づかない。おやすみのキスだってしてくれないじゃない！」

アレックスとジェンがどれだけつらい思いをしているかも知らずに、本当に申し訳なかったと、私は謝った。そしてジェンをぎゅっと抱きしめ、涙をぬぐってやりながら、こういった。

「これからは心を入れ替えるわ」

「前みたいに、ママにお話をしてほしいの」ジェンはすすりあげながらいった。

まったくジェンのいうとおりだった。私は家族が発しているシグナルに気づかず、何もかも台なしにしようとしていた。ひとりでなんでもできるしっかりした子どもたちだが、実際はまだまだ母親を必要としている。なのに私はそばにいてやらなかった。穴があったら入りたい気分だった。

夕食後、私はあらためて話し合いのテーマをもち出した。

「ママ、あなたたちにお話をしてあげるのをさぼってたでしょ。今日は、みんなで一緒にお話をつくってみない？　つまりわたしたち、どんな家族になりたいのかということをお話にして、そのとおりの家族になれるよう努力してみたいの」

二人の子どもはこちらが驚くほど柔軟性があって、いつまでもこだわりはしなかった。私は自分をひどく責めていたが、子どもたちの怒りはそれほどではなかった。親が自分たちのことを真剣に考えてくれていると知ると、彼らの怒りは解けた。こうして本音の話し合いが始まった。

「もっと家にいてほしい」とアレックスはいった。「たとえ会話がなくても、そばにいてくれるだけでうれしいんだ」

「そうよね」とジェン。「朝食をつくってくれなくてもいいから、少なくともわたしが起きたとき、家にいてほしい。おやすみのキスもしてほしいわ」

「もちろんやりますとも」私は答えた。「あなたたちは大きくなって、もうわたしを必要としていないのかと思っていたの」

「ママは仕事に夢中になりすぎて、わたしたちを無視してきた。でも、その逆になってほしくもない。元のスーパー専業主婦に戻らないで。なんでもかんでも世話を焼かれると、気が重くなってしまうから」

子どもたちには、親に何を望むのかを尋ね、私からは親の務めはどうあるべきかという自分の考えを話した。親があらゆることを手伝ってしまい、子どもが学ぶことができなくなるのはよくないという点で、親子の考えは一致していた。よかれと思ってのこととはいえ、私は長年、子どもの世話を焼きすぎた。それは子どもにとって、けっしてうれしいことではなかったのだ。

親に望むのは、自分で解決する方法を学べるよう、手助けしてくれること、励ましたり応援したりしてくれること、失敗しても、そこから学ぶのを見守ってくれること、そして大人ならではの賢明な助言を与えてくれることだという。それならお安いご用よ、と私は答えた。ただし、子どもたちが望むと望まざるとにかかわらず、親が介入しなければならない場合もあることは伝えた。自立といっても、ここまでなら許せるという限度はあり、その点は私の判断を信頼してほしいと伝えた。

「それならかまわない」とアレックスはいった。「ぼくたちに必要なのは母親であって、友達じゃないから」

驚いたことに、二人は私に「人生を楽しんでもらいたい」らしい。デートももっとしてほしいという。特定の男性と真剣に付き合うことになったらどうするのと尋ねると、私に幸せになってほしいから、幸せにしてくれる男性なら自分たちもうれしいという。

子どもたちが寝しずまったあと、家族会議で「説得力あるビジョン」の3要素をすべて話し合っていたことに気づいた。

まず私たち家族の「目的」は何か、どうしてその目的が大切なのかについて話し合った。私たちがなりたい理想の家族になったとき、どんな家族になるのかという「イメージ」も描いた。親子の関係をどのようなものにしたいか、どんなことをして、どんなことを語り合い、どんな家庭にしたいのか、どんなことを一緒にやり、どんなことを別々にやるのかも話し合った。それぞれがどんなことに興味を持ち、もっとも熱心に追い求めている「価値観」は何か、どんな行動をとりたいか、家族に何を期待するか、心から意欲を感じていることは何か、絶対に譲れない価値観は何かも打ち明け合った。こうして語り合ったさまざまなことを要約して、私は家族のステートメントをまとめあげた。

書き終えて寝る支度をしていると、1日中つづいていた頭痛がいつのまにか消えていることに気づいた。鏡をのぞき込むと、こちらに向かってほほ笑みかける自分の顔がくっきりと映っていた。

翌日、朝食をとりながら、私は書きあげたステートメントを子どもたちに見せた。話し合いの結果をよくまとめていると、二人も認めてくれた。細かい点にいくつか注文をつけたうえで、ジェンがタイプ打ちを買って出て、「わが家のビジョン」とタイトルをつけて冷蔵庫の扉に張り出してくれた。

・わが家の目的（私たちは何ものか）

私たち家族の「わが家の目的」は、互いの成長を応援し、互いに助け合い、地域社会に貢献することである。

・わが家の未来のイメージ（どこをめざすか）

わが家の未来のイメージは、愛を通していつも団結していること。ママはつねにアレックスとジェンの力になるが、過剰な管理はしない。アレックスとジェンのようすを把握し、実力をフルに発揮できると信じて見守る。ママは愛情あふれる母親、働く母親、信頼できる人間として、二人の手本になる。

ジェンとアレックスは家族の幸福のために力を貸す。それぞれの役割を担い、いわれなくても家事を手伝う。

私たち家族は寄付やボランティアなど、有意義な活動に参加する。家族で一緒にダンスをしたり、語り聞かせをしたり、ゲームをしたりする。失敗してもそこから学び、腹の立つことがあれば正直に、オープンに伝え合う。

・わが家の価値観（私たちは何を基準に人生を歩むか）

私たちが大切にする「価値観」は、愛し合うこと、尊敬し合うこと、なんでも話し合うこと、そして楽しむことである。ありのままの互いを愛し、大切な家族の一員として扱い、だれに聞かれても恥じることなく真実を語り、ともに遊び、笑い合うとき、私たちは自分たちの価値観を実践しているのである。

ついに「わが家のビジョン」ができあがった！「有意義な目的」「未来のイメージ」、そして「明確な価値観」。ビジョンが共有されたからこそ、私たちはひとつの運命共同体として〝全速前進〟できる。なんてすばらしいのだろう！

ジムとの毎朝のおしゃべりをあきらめるなんて、とてもできない。いっぽうで、家族が人生でもっとも大切なものであることもたしかだ。そのことに、一点の疑いもなかった。

8

いまがなければ、未来もない

朝食のあと、双子を学校へ送り届け、私は仕事へと向かった。午前のうちにジムにお礼のメールを送り、家族で話し合ったことを手短に報告した。そして、話したいことがあるので、仕事が終わってから家に電話してほしいと頼んだ。

その夜、私はジムと長々と電話で話した。子どもたちと話し合った内容をくわしく説明し、母親としての自分をじっくり反省したこと、みんなで「わが家のビジョン」をつくったことを伝えた。

ジムは私たちの気持ちを理解してくれ、称賛を惜しまなかった。二人の意見が一致したのは、ビジョンを生み出すには、まず現実を正直に見据えなければならないということだった。実をいえば、現実を正直に、かつ正確に把握することは、未来に向けてビジョンを描くのと同じくらい大切なことなのだ。この2つは、切っても切れない関係にある。

「いまというときを踏まえなければ、未来に至ることはできない」とジムはいった。

「まさにそうね！」私は笑った。そのとき、呼び出し音が聞こえた。

「別の電話が入ったようだ」とジム。「短い電話だから、ちょっと保留にしていいかな。すぐに終わらせるから」

「いいわ」

ジムの電話が終わるのを待ちながら、「経理部のビジョン」づくりに偉大なリーダーシップを発揮したマーシャのことを思い出した。経理部の仕事のプロセスを見直し、より利用者目線に立ったものにできたことに、マーシャは満足していた。経理部のメンバーと外交員のピリピリした関係も、どうやら解消したようだ。驚いたことに、犬猿の仲だったユージンとダリルが、いまではすっかり仲良しだ。

それでも問題は残っている。メンバーのひとり、ランディがヘマをして、それをだれも注意できずにいた。みんながランディを避けるので、仕事にも支障が生じていた。このままではいけない。経理部全体が現状を正直かつ正確に評価しなければ、「経理部のビジョン」は達成されない。未来を志向するばかりで、現在から目をそらしていれば、そうなってしまうのだ。

いっぽうで、それとは逆の状態もありうる。現在にばかり目がいき、未来のビジョンが欠けている場合だ。例として思い浮かぶのは、友人の元夫のケースだ。この人は、人生でうまくいかないことばかりに注意を向け、「現在」から抜け出せずにいた。そうした姿勢が仕事にも結婚生活にも影響を与えた。カウンセリングにも通ったけれど、袋小路に入り込んで、問題ばかりが目につき、新たな可能性に目がいかなかった。やがて友人もがまんの限界に達して、離婚することになった。

要するに、現在と未来の両方の視点が必要なのだ。未来への明確なビジョンと、正直に現実を見つめることの両方が……。

「電話は終わったよ」ジムの声がした。「聞いてるの？」

「ええ、聞いてるわ」と私は答えた。「待っているあいだに考えたのだけれど、ビジョンがあるだけじゃ足りないと思うの。ビジョンが明確になればなるほど、自分が置かれている現実を直視して、正しく判断を下さないといけない。ビジョンから目を離さないまま、同時にいまある現実と正直に向き合って、自分を責めたり、他人を責めたりしないこと。現在を踏まえないビジョンは単なる絵空事だし、ビジョンなしに現在にしがみついていたら、身動きがとれなくなる」

「きみのいうとおりだ！」そういって、ジムはさらに続けた。

「それで思い出すのが、タイタニック号の悲劇だ。タイタニックといえば、まさに『蒸気船』の最高峰だ。史上最大の蒸気船、それも豪華で強力な蒸気船という『明確なビジョン』のもとに設計され、建造され、就航した船だ。そのビジョンにはみじんの揺るぎもなかった。

ところが、現実というものを正直に見つめていなかった。氷山の存在を知りながら、タイタニックは到着予定時刻を守ることにこだわった。目の前にある危険から目をそむけたんだ。そして十分な数の救命具や救命ボートをそろえることを怠り、想定外の状況に備えることができなかった。タイタニックの悲劇は、ビジョンにばかりこだわって、現実を見据えることを怠るとどうなるかという見本のようなものだ」

「ビジョンを目標にしつつ、現実を正直に見つめる……これを両立させてこそ、〝全速前進〟で進んでいけるのね」と私は結んだ。

「まったくそのとおりだ」ジムはそういって、さらに付け加えた。

過去に学び、未来に備え、いまを生きよ。

「つまり、いまこの瞬間から、ビジョンを実践せよということだ」

「わたしがいまこの瞬間から『わが家のビジョン』を実践するとしたら、毎朝のおしゃべりはあきらめなくちゃならないわ」と私はいった。「毎朝のあなたとのおしゃべりは、何ものにも代えがたい時間だし、それがないと気分よく1日を過ごせない。どうしてもあきらめきれないけれど、現実を見据えると、子どものそばにいてやるべきこともわかっている。あの子たちにとって、毎朝、母親がいてくれることはとても大切なんですもの」

私は密かに、ジムがなんらかの代案を出してくれるのを期待していた。彼はいつもどおり率直に、本音で答えてくれた。

「たしかに、きみとのおしゃべりはお互いのプラスになった。大切な時間であることはまちがいない。わたしにとってもこの上ない時間だったから、あきらめたくないのは同じだ。だが、子どもが最優先だというきみの考えにも大賛成だ。どうだろう。子どもたちと話し合って、わたしとのおしゃべりが大切であることを説明してみたら？　ひょっとしたら、週に1回くらいは朝早く家を出るのを許してくれるかもしれない。これなら、現実的な解決法といえるんじゃないかな」

子どもたちに相談することを、私は約束した。そのためには、彼らが正直に自分の気持ちをいえる環境をつくることが大切だ。「わが家のビジョン」には、「なんでも正直に話す」という項目もある。話し合いの前に、「わが家のビジョン」を復習することにしよう。そうすれば、本音で話し合える雰囲気ができるはずだ。家族が前進していくためには、やっぱり「ビジョン」が不可欠なのだ。

そのときジムが、おもしろいアイデアを提案した。

「アレックスのことを考えていたんだが、たしか絵が好きだったね。でも美術クラブに男の子がひとりなので、やめてしまったそうじゃないか」

「そのとおりよ」と私は答えた。「自分のやさしい性格を、人に見せていいものかどうか、迷っているみたい。いじめの問題があったから、もっと強気なところを見せないといけないと思っているんじゃないかしら」

「せっかくの才能がもったいない」とジムはいった。「実は夏休みに娘のクリステンが家に戻ってくるんだ。夏休み中は、わが社のマーケティング部門でアルバイトすることになっている。娘が美術専攻だったことは話したね。きっと喜んでアレックスに個人教授してくれると思うよ。サマーキャンプでカウンセラーをやったこともあるし、ひとりっ子のせいか、昔から年下の子が好きなんだ。どうだろう、いい考えだと思わないか?」

「すばらしいわ!『わが家のビジョン』では、お互いの成長を応援し合うことになっているの。その方法なら、あの子の芸術的才能を伸ばせるし、人からどう見られるかという不安も解消できる。すばらしい思いつきよ。アレックスとクリステン、二人の気持ちを聞いてみましょう」

それにしても、ビジョンがあるとこうも違うものだろうか。電話を切ったあと、私はつくづく思った。ビジョンを明確にし、現実と正直に向き合うことさえできれば、個々の問題にいちいち悩まなくてもよくなる。ほうっておいても、ひとりでにものごとが解決していくのだ。なんという恵みだろう！　私は感謝せずにいられなかった。

結局、子どもたちは月曜日を除くという条件で、私が週1回、早朝出勤することを承知した。週の初めには、母親にいてほしいというのだ。そこでジムと私は、火曜日を「私たちの朝」と決め、週1回のおしゃべりの習慣をスタートさせることにした。

その夏、クリステンは本当にアレックスに絵を教えてくれることになった。二人はとてもウマが合った。クリステンはすばらしい女性で、アレックスにとっては理想の「お姉さん」だった。クリステンの助言や友情は、アレックスにとってなくてはならないものとなった。

9

視界が開ける——組織、チーム、個人のビジョン

火曜日のジムとの対話は、ますます白熱したものになっていた。ジムは「わが社のビジョン」づくりに励んでいたし、私は自分自身の「人生のビジョン」づくりに取り組んでいた。家族同士の交流も増え、アレックスはクリステンに会うため、頻繁にジムの家を訪ねるようになった。アレックスを車で送り迎えするついでに、私もジムの妻キャロリンとおしゃべりすることが増えた。ある日、アレックスを待つあいだに、キャロリンがこんな打ち明け話をした。

「ジムと一緒に、会社のビジョンを考えてくださっているそうね。彼にとって、これはとても大切なことなの。自分なりのビジョンを描けないと、いつまでたっても父親を超えられないから」

そんな会話があってまもないころ、私はいつものようにジムとビジョンについて話し合っていた。

「すべてが順調なときは、ビジョンを描くのも簡単だと思う」と私はいった。「わたしも若いころは、人生の目的になんの迷いもなかった。結婚して、子どもができて、すべてが予定どおりに運んでいた。でも夫が死んで、悲しみに打ちのめされた。自分では気づいていなかったけれど、すべてを任せて死んでしまった彼を恨む気持ちもあった。その後の13年間は、母親業に専念したわ。いまから思うと、ちゃんとしたビジョンはなかった。深い考えもなく、単なる心づもりくらいしかなかった。あのときビジョンがあったら、苦しい時期にも目標を見失わず、自分の人生を大切にして、もっといい母親になれたと思う。朝から晩まで会社に行って、家族との暮らしがまちがった方向に向かうこともなかったでしょう」

長い沈黙のあと、ジムはいった。

「わたしにも同じ経験がある。自分がいつか父親の会社を継ぐことはわかっていた。家族もそれを望んでいたし、自分もそうしたいと思っていた。というより、それ以外の道を考えたことはなかった。それはビジョンといえばいえるかもしれないが、明確なビジョンではなかった。その証拠に、いまこうして社長になっても、父親の時代と同じようにこの会社を輝かせることができないでいる。ビジョンとは、人を導くものだ。いまのわたしは、目先の一歩を進んでいるだけで、この道がどこへ続くのかがわかっていない」

正直で飾らないジムの言葉に、思わず笑みがこぼれた。そしてキャロリンがいっていたことを思い出した。

「ジム、あなたには会社のビジョンがどんなものか、すでにわかっているのじゃないかしら」

＊＊＊

ジムの頭のなかには、会社のビジョンに必要な要素はすでにそろっている。きちんとまとめていないから、気づかないだけだ。だから、そのことを指摘して、さまざまな要素を整理してあげれば、アイデアも浮かんでくるのではないか。

「わたしが入社した最初の週に、あなたはこの会社の『目的』を話してくれたわね。覚えてる？　この会社の使命は『お客さまに経済的な安心を与える』こと。最悪の事態に備えて、経済的保証を与えて、保険金の請求手続きもお手伝いしますよって伝えて、安心させること。そうだったわね」

「そのとおりだ」とジムは答えた。「これは父から教わったことだ」

「じゃあ、あなたの考えも同じなのね」

「もちろんだ。家族経営とはいえ、崇高な『目的』をもっているからこそ、意欲をもって働けるんだ」

「そのあと『未来のイメージ』について話したときは、満足そうなお客さまの顔が思い浮かぶと答えたわね」

「そうだ。さまざまな場面で、そのお客さまに最適な保険を、もっともお得な価格でお届けする。そして困ったことがあれば、電話一本していただけばいいんだ」

「その『目的』を追求する過程では、社員を導くような『価値観』が必要だともいったわね」

「そのとおりだ」とジムは答えた。「そしてその『価値観』とは、企業倫理、人と人のつながり、成功だ」

「それなら、『説得力あるビジョン』の基本要素は、すでにそろっていることになる」と私はいった。「あとは全体をまとめあげるだけじゃないかしら。もうひとつ聞くけど、会社のみんなが『わが社のビジョン』に導かれて、たえずそれを実践していくようになったら、どんな会社になると思う？」

ジムは笑いながら答えた。「わかったよ、エリー。説明しよう」

「わたしのビジョンとは、お客さまが最悪の事態に備えて経済的保証を得て、さらに保険金の請求手続きもサポートしてもらえると知って、心の平安を得ることだ。わが社のスタッフは、みんな自分たちの利益を最優先してくれると、信頼されている。自分たちに必要なのは何か、じっくり聞いてくれる外交員とのあいだに、親しい関係が築かれる。外交員は自分たちのニーズにぴったりの商品を、ベストの価格で提案してくれる。請求手続きが必要なときには、電話一本するだけで用事が足りる。そこが基本だ。そしてそういう信頼感が、社内にもあふれているんだ。

すべての部署、すべての社員が、ビジョン達成に自分がどう貢献するのかを明確に意識している。お互いのがんばりを信頼し、尊敬し合う。自分の役割をはっきり自覚し、自分自身にも、仲間にも、説明責任を果たしていく。自分中心におちいることなく、意見が合わなくても、お客さまのことを考えて対立を解消していく。お客さまに最大の利益を、最少の費用で提供できる知識と能力を身につける。そして請求手続きでも、他社の追随を許さないサービスを提供する。

これができれば、お客さまはわが社の最高のマーケティング担当者になってくださる。十人が十人とも、友人や親戚にわが社の製品をすすめてくださるだろう。さらにわが社は、地域社会の重要な担い手として、市の表彰を受けるような存在になる。全従業員が日々、この会社で働くことの誇りを胸に、仕事に向かうようになるんだ」

「力強いビジョンね。会社について、こんなに熱く語るあなたを見るのは初めてよ。『目的』も、『未来のイメージ』も、『価値観』も、きちんと押さえられていて、本当によくできている！　ご感想は？」

「なんだか元気が出てきたよ。不思議だね。父のエネルギーと情熱が乗りうつったみたいだ。でも、あくまで自分の言葉であって、父の言葉じゃない。わたしが、みんなを導くビジョンを言葉にしたんだ。これがあれば、わたしがいなくても、みんなが目標をめざして意欲をもって仕事にあたれるだろう。みんなが共有するビジョンを、みんなが実践することによって、あのころの輝きとエネルギーが戻ってくるんだ」

「お父さまも、あなたを誇りに思っていることでしょうね」

「そうだね。わたしもそう思う」とジムは答えた。

＊＊＊

その後も、ジムは「わが社のビジョン」の推敲《すいこう》を続け、どうすればビジョンを具体化できるかについて真剣に考えていた。

いっぽう、経理部の面々はマーシャのリーダーシップのもと、「経理部のビジョン」の実践に取り組んでいた。マーシャによれば、会社全体のビジョンがないから自分たちもビジョンをつくれないとの不満の声が、ずいぶん前からあったらしい。けれど彼女は他の部署の状況にかまわず、経理部のビジョンの作成に踏みきった。それだけビジョンが必要とされていたからだ。私の知るかぎり、「経理部のビジョン」は社内全体に好影響を与えていた。経理部と他の部署との関係がよくなったことに加えて、ビジョン作成のお手本も示せたからである。

他の部署の先を越すことが目標ではないと、マーシャは強調していた。全社的な「わが社のビジョン」ができあがったときには、すぐに「経理部のビジョン」を見直して、「わが社のビジョン」との整合性をはかればいいからだ。

経理部の例から、以下のことがわかる。

会社全体のビジョンができるまで待たなくてもいい。ビジョンはどこからでも始められる。

＊＊＊

ジムが「わが社のビジョン」を練り上げていた数週間のあいだ、私は自分の「人生のビジョン」づくりに取り組んでいた。「家族のビジョン」を共有することがいかに効果的かを実感していたので、自分自身のビジョンづくりにもますます意欲がわいていた。

「人生のビジョン」をつくるにあたっては、新しい人生を切り開くつもりで臨んだ。会社は気に入っていたけれど、一番好きなのは仲間たちで、仕事そのものではなかったからだ。これからの人生をどの方向に向かって進むかは、まだ見えていなかったのだ。

はっきりしていたのは、ビジョンには具体的なあれこれでなく、望ましい人生の〝質〟を取り入れたいということだった。ある友人は、自分にぴったりの夫を見つけるまで、けっしてあきらめないと決めていた。別の友人は、子どもがいなければ絶対に満足できないといっていた。博士号を取るまで満足した人生にはならないという人もいた。多くの人は具体的な目標にこだわり、そうした目標がビジョンを体現するのではなく、ビジョンそのものになってしまっている。そうした目標を達成しても、ほとんどの場合、満足は得られないのだ。

＊＊＊

ある火曜日の朝のおしゃべりで、私はジムにいった。

「わたしの人生の『目的』と『未来のイメージ』が見えてきたの」

「どんな『目的』と『未来のイメージ』？」

「『目的』は『自分自身が、あるいは、ほかの人々が、人間と世界に関する基本的真理を学び、表現するのを助けること』」

「すばらしい『目的』だね」とジム。「『未来のイメージ』のほうは？　『目的』を達成したとき、どんなことが起こるのかな？」

「何かを表現しないと、『目的』が達成されたとはいえないと思う。学んだだけじゃダメ。何か新しいものが表現されないと」

「土台はできてるようだね」とジムはいった。「『価値観』のほうはどうかな」

「手伝ってほしいのはそこなの。『わが社の価値観』は、わたしにも納得できたし、仕事をするうえで役に立ってる。でも、わたし個人の価値観がそれと同じでいいのかしら」

「それは違う」とジムは答えた。「会社の価値観がきみの役に立ったのは、それがたまたま、きみの個人的価値観と一致していたからだ。きみがこの会社にこんなに簡単に溶け込めたのも、そのせいじゃないかな。だが、きみ自身の価値観は、きみ自身が心の底から愛着をもてるものでなくちゃいけない」

「あなたがメールメッセージで自分の価値観を紹介したとき、とても感銘を受けた。あなたはどうやって自分の価値観を見つけたの？」

「別にむずかしいことはないさ。わたしのように時間をかけて価値観を言葉にしなくても、人はみな、自分なりの価値観をもっているものだ。『自分がいちばん愛着を感じているものは何か』『自分の信念は何か』と自分に問いかけて、思い浮かぶことを挙げてみるといい。自分にとって何が大切か、見えてくるはずだ」

「経理部の価値観をみんなで考えたとき、『楽しむこと』という言葉を入れたかったの。だから、『楽しむこと』がわたしの価値観のひとつだと思う」

「そうかもしれないね。人間はいろいろなものにこだわりをもっているからね。でも、そのなかでいちばん大切なものは何？　リスクを冒してでも手に入れたいと思うものは？　それこそがきみの核となる価値観だ。それをおさえれば、人生におけるさまざまな選択を、意識的に行っていける。

自分の価値観を見つけるのに、『なぜなぜ分析』という方法がある。まず自分の価値観と思われるものを思い浮かべて、『なぜそれが大切なのか』、あるいは『その価値観を実践したとき、どんな自分になれるのか』と自分に問いかける。どんな答えだったにせよ、もう1回、同じ質問を繰り返す。さらに、同じことをもう1回繰り返す。そうすると、自分にとってもっとも大切なものは何かということが、より深くわかってくる。掘り下げれば掘り下げるほど、大切だという思いが強まるはずだ。大切だという思いが強まれば強まるほど、自分の核となる価値観に近づいた証拠なんだ」

その週はずっと「なぜなぜ分析」を繰り返した。「私にとっていちばん大切なものはなんであり、それはなぜなのか」「とことん突き詰めたとき、私にとっていちばん大切なことはなんであり、それはなぜなのか」「私が私でいるために絶対不可欠なものは何か」「私の信念とは何か」

お金のことを何より大切にしている友人のことを思い出した。彼なら「なぜなぜ分析」にどう答えるだろうか。お金は、本当に彼にとって大切な価値観だったのだろうか。それともより奥の深いもの——たとえば権力、地位、業績、運命の克服といった価値観の象徴だったのだろうか。

そんなことを考えているうちに、自分にとってもっとも大切な3つの価値観が見えてきた。それは「真理」「愛にもとづく人間関係」、そして「創造的な表現活動」だ。翌週、私は「自分の価値観」をジムに説明した。

真理：真理と向き合うのが怖くても、あえて真理に目を向けるとき、私は『真理』という価値観を実践している。

愛にもとづく人間関係：家族や友人とのあいだに愛情あふれる人間関係を求め、持続させるとき、私は『愛にもとづく人間関係』という価値観を実践している。

創造的な表現活動：表現することで人に深く有意義な感動を与えるとき、また人類の普遍的本質を伝え、味わってもらうとき、私はこの価値観を実践している。

「この3つの価値観は、どれも納得できる」とジムはいった。「子どもたちの怒りを買ってしまったとき、『真理』というきみの価値観が、子どもたちの声に耳を傾けさせたんだ」

ジムはさらに続けた。

「きみがわたしにしたように、今度はわたしがきみに要求しよう。これまで考えてきたことをまとめるんだ。きみのビジョンを、数分で書き出してみたら、どんなビジョンになるだろうか」

私は笑って挑戦を受けて立った。そして数分後、カードから顔を上げていった。

「これでどうかしら」

「私は自分自身や他人を観察し、その気持ちに寄り添うことで、自分や他人が希望や夢を意識的にとらえ、それを理解し、表現するのを助ける。私が生み出す創造的な表現は、心に訴える深い感動を人々に与え、新たな発見へと向かわせ、人類の普遍的本質を理解させる。たとえそれが恐ろしいことであっても、私は真理に目を向ける。広い心で、人々が最良の自分を発揮できるような環境づくりを助ける。私は家族や友人との愛情あふれる人間関係を探し求め、維持していく。他者への思いやりをもって自分の過ちの責任をとり、失敗から学ぶ。運命を動かす最善の方法は、支配することをやめ、与えられた賜物に感謝して、それを生かすことであることを、身をもって示す」

「みごとだ」とジムはいった。「きみのビジョンそのものが創造的表現になっている」

ちょっと間をおいて、ジムは言葉を継いだ。

「ただ気になるのは、きみのビジョンが経理部での仕事と整合するのかどうかということだ。経理部というところは、創造性を発揮できる場所ではないだろう」

鋭い指摘だ、と私は思った。たしかに一番楽しいのは子どもたちのためにお話を書くことで、子どもたちも長年、そうしたお話を楽しんできた。

「きみのビジョンは、現在形で書かれていたね。けっして『だろう』と未来形では書いてない。なぜなのかな」

「未来って、いつも『ずっと先』にあって、現実にはならないものというイメージがあるの。だから『未来のイメージ』を、いま現在のこととして描きたかった。ただし、個人のビジョンにはいろいろな表現方法がありうるわね」

「それで思い出すのは、ノーベル賞の生みの親、アルフレッド・ノーベルのことだ」とジムはいった。「ノーベルは兄が亡くなったとき、新聞が兄のことをどう書いているか知りたくて、スウェーデンのある新聞を手に取った。ところが、その新聞社は兄とノーベルを取り違えたらしく、アルフレッドは自分の死亡記事を読むことになった。アルフレッドはダイナマイトの発明者だったから、その死亡記事にはダイナマイトや、それがもたらす破壊のことばかり書いてあった。ノーベルは非常に落胆した。その後、友人や家族が集まったとき、ノーベルは『破壊の逆はなんだろう?』と尋ねた。全員が『平和』と答えた。以来、彼は人生の舵《かじ》を切り、『平和』によって人々の記憶に残る人間になろうとしたんだ」

「つまり、死亡記事も『未来のイメージ』の表現になりうるということね」

「そういうことだ」ジムは感慨深げにうなずいた。

＊＊＊

翌朝、ジムが私に1枚の紙を差し出した。

「これを読んでみてくれないか」彼はほほ笑みながらいった。

なんとそれは、彼の死亡記事だった。私は思わず読みふけった。

「ジム・カーペンターは愛情あふれる教師であり、飾らない真実を身をもって示した人でした。彼のリーダーシップのもとで、彼自身も、まわりの人々も、人生には神さまがいてくださることを実感できたのです。思いやりあふれる神の子であり、息子、兄弟、夫、父、祖父、義父、義兄弟、名付け親、おじ、いとこ、友人、そして同僚として、人生の意味と成功とのバランスを求めつづけました。人生の目的から外れるような相手や仕事に対しては、愛情あふれる形で『ノー』ということができました。エネルギッシュで、どんなとき、どんな状況でも、前向きな気持ちを失いませんでした。なにが起きようとそこから『教訓』を引き出し、メッセージを読み取ることができました。誠実さを旨とし、言行一致の人であり、したたかで俊敏な、体重93キロのゴルフ・マシーンでもありました。だれもがその死を悼むでしょう。どこへ行こうと、彼がそこにいるというだけで、この世界はよりよい場所になったからです」

「これじゃあ、そうとうゴルフの練習をしなくちゃね」と私はからかった。「それ以外は、とてもよくできているわ」

「ゴルフのことを書いたのは、これからも健康でいて、スポーツを楽しみたいからだ」

「『未来のイメージ』が、あなたの人生の意味をつくりだしているのね。わたしのビジョンと同じように」

「そのとおり」とジムは答えた。「わたしのビジョンは、他人にとっては退屈で無意味なものに見えるかもしれない。でも、わたしにとってはとても大切なものなんだ」

＊＊＊

「あのあと、きみのビジョンについて考えてみたんだが……」次の火曜日の朝のおしゃべりで、ジムはいった。「きみの興味の対象が、お金の計算よりも創造的活動にあることはたしかだし、きみにはそういう才能がある。なのになぜ、経理部で働いているんだい？」

お金の計算は不得手ではないけれど、実をいえば、あまり好きではない、と私は打ち明けた。大学でビジネスを専攻したのは、それがいちばん無難と思ったからだ。経理部に就職したのも同じ理由で、自分の知識が生かせると思ったからだ。

「本当に好きなのは書くことよ。でも訓練を受けたことはないし、それを仕事にできるのかわからなかった。それに正直いうと、この会社を離れたくないの」

「その悩みをマーシャに話してごらん。マーケティング部にポストのあきがあると聞いたよ。そこなら才能を生かせるんじゃないかな。ましてきみは、『わが社の目的』に精通しているわけだから」

それから数週間後には、私はマーケティング部で働いていた。さしあたり宣伝コピーやレイアウトを考えるのが仕事だけれど、自分の才能や興味を広げるため、いろいろと勉強もできる。

日々の生活がいっそうわくわくするものになったのは、共通の知人を通して知り合ったサムと交際を始めたからでもあった。二人の関係がどうなっていくのかまったく見当がつかなかったけれど、私は楽しんでいた。

10

創造的緊張

　ビジョンを明確にし、同時に現実を直視することの大切さは、すでに学んでいた。そして今度は、ビジョンと現実の緊張関係を進んで受け入れることで、まるで魔法のようにチャンスが舞い込んでくることも学びつつあった。

　もちろん、目の前の現実を認めるのは、必ずしも気持ちのいいことではない。自分は母親失格だと認めるのも、楽ではなかった。けれど大切なことを大切と認め、現実を正直に見つめたことで、方向転換を果たすことができた。そして私の家族に、すばらしい、新たな道がひらけたのだ。

　仕事についても同じだった。経理部の仕事に満足できないことを、私は正直に認められずにいた。それを認めれば転職するしかなく、自分を豊かにしてくれるジムとのおしゃべりをあきらめざるをえないからだ。けれど、何が大切で、何が現実かということに向き合いつづけた結果、思いがけずマーケティング部に移るチャンスがめぐってきた。

サムとの恋愛が発展したことも、思えば不思議な出来事だった。15年間、だれにも心を引かれなかったのに、こんなに興味深い人物が突然あらわれたのだ。

「いろいろ人生に変化が起きたのは、ビジョンと現実の両方を見つめて、両者のずれから生まれる緊張関係を進んで受け入れたからだと思う」

ジムとのおしゃべりのなかで、私はそう話した。

「いいたいことはよくわかるよ」とジムはうなずいた。「『わが社のビジョン』をめぐってずいぶん話し合ってきて、ようやくわかったんだ。自分は行動に移る前に、ビジョンのことを十分に考えたかったんだってね。ゆっくり時間をかけて吟味し、自分の本気度をたしかめ、さらに深く考えたかったんだ」

「たしかに現実とビジョンの綱引きには、おじ気づいてしまうことがある。まるで命綱なしに絶壁から飛び降りるみたいに」と私はいった。「父から得た教訓で、そうした綱引きには素直に従うほうがいいと学んだの。子どものころ、よく父の釣りについていった。すると、針にかかった魚は釣り糸を引っ張ろうとする。父は魚と駆け引きをして、糸を引っ張ったり緩めたりして疲れさせ、やすやすと釣り上げる。ところが、その駆け引きにのってこない利口な魚もいる。こういう魚は、糸の方向に逆らわずについていき、糸がたわんだところで、すきを見つけて針を外してしまうの」

「おもしろい話だね。その教訓をどう役立てたの？」

「利口な魚になろうと思ったのよ。糸に逆らうのではなく、逆らわずについていく魚にね。現実から目をそむけようとするのは、糸に逆らうのと同じ。疲れてしまって、自分の望む未来を生み出せなくなる。逆に現実を受け入れて、ビジョンと現実の綱引きを受け入れるからこそ、ビジョンがいっそう絞り込まれて、新しい道を見つけることができるのよ」

「つまり、現実とビジョンの緊張関係を受け入れて、いろいろな可能性を閉ざしてしまわないということだね」とジムが問いかけた。

「頭のいい魚になりたいならね」私はいたずらっぽく答えた。

11 「3つのいかに」でビジョンを現実にする

ジムと私は、初めに約束した目標をほぼ達成していた。「説得力あるビジョン」の3つの要素を明らかにでき、二人ともそのできばえに満足していた。

ある火曜日の朝、私たちはコーヒーカップを手に、おだやかに向き合っていた。

「ビジョンは明らかになっても、そのビジョンを実践するとなると、話は別になってくる」とジムはいった。「『わが社のビジョン』ははっきりしたが、大半の社員を巻き込むには至っていない。ことあるごとに説明してはいるが、こちらが望むところまで理解してもらってはいない。みんなに、ビジョンに情熱をもってほしい。当事者として、ビジョンを実践していってもらいたいんだ」

「つまり、3要素をそろえた、すばらしいビジョンをつくっただけでは不十分ということね」

「そのとおりだ」とジムはいった。「だからマーケティング部に依頼して、宣伝文をつくってもらい、みんなに配ろうと思っているんだ」

「わたしも喜んでお手伝いするわ。でも、それでみんなが、あなたの思っているような当事者意識をもってくれるかしら」

「たしかにそうだ。みんなが思い入れをもってくれなければ、額に入れて飾られて、そのまま忘れ去られるだけだ」

そこで私たちは、新たな標語を思いついた。

ビジョンは壁にかかった額ではない。本物のビジョンは実践されるものであり額に入れるものではない。

「じゃあ、ビジョンを現場に生かすにはどうしたらいいの」私は首をひねった。「ビジョンを印刷して、みんなに説明するだけでは足りないわね」

私は、子どもたちと一緒につくった「わが家のビジョン」を思い出してみた。そういえば、ビジョンそのものより、子どもたちと話し合った中身のほうが説得力があった。たとえ同じビジョンでも、子どもたちを参加させず自分ひとりで考えていたら、子どもたちにこれほど受け入れてはもらえなかっただろう。経理部のためにつくったビジョンにしても、経理部のみんながチームとして協力してつくったビジョンだ。

これに対し、ジムは本当の意味で社員たちと対話していないし、ビジョンの作成にも参加させていなかった。

「いきなり新しいビジョンを発表しても、みんながすぐに理解して、賛同してくれるなんてありえないわ」と私はいった。「ビジョンの作成にだれに参加してもらうかを考えて、その人たちの考えかたや夢、希望、ニーズを受けとめる必要がある。みんなをビジョンづくりに参加させるべきよ」

「きみのいうとおりだ」ジムはうなずいた。「ビジョンの中身に劣らず、『いかにつくられたか』が重要だね」

「そのとおり」

「それに、いかにビジョンの中身を伝えるかも大切だ。たとえビジョンづくりに参加しなくても、自分たちに関係してくるんだということをわかってもらわないと」

「それに、ビジョンをどう実践すればいいかということもね」私は付け加えた。

ジムは1枚のカードを取り出し、こう書き込んだ。

◎ビジョンを現実にするための「3つのいかに」

・ビジョンをいかに創造するか。
・ビジョンをいかに伝達するか。
・ビジョンをいかに実践するか。

ジムは書き終わると、壁にかかった「説得力あるビジョンの要素」のカードの上に貼りだした。

「この半年、わたしたちは説得力あるビジョンの要素は何かを考えてきて、とてもうまくいったと思う。だが、これだけで十分とはいえない。ビジョンが現実に生かされるには、この『3つのいかに』に答えなければならないんだ」

「そうすれば、みんなが同じ船に乗り込んで、〝全速前進〟できるのね」私はそういってほほえんだ。

12

ビジョンをいかに創造するか

その次に会ったとき、ジムはこう口を切った。

「ビジョンづくりに、みんなを巻き込まないといけないことはわかった。わたしのつくったビジョンをみんなに共有してもらい、意見や感想を聞くのはかまわない。でも、どれだけみんなの意見を取り入れる必要があるのだろう。このビジョンには思い入れがある。みんなの意見で、別のものに変わってしまうのはうれしくないんだ」

私はキング牧師のことを考えた。キング牧師のビジョンは、けっして彼ひとりのビジョンではなかった。そこには、たくさんの人たちの希望と夢が体現されていたのだ。

「この会社のリーダーとしてのあなたの役割は、ビジョンを共有し、ビジョンを守ることであって、ビジョンを『私物化』することじゃないわ」と私はいった。「社員全員がビジョンの当事者であるべきよ。さもないと、それはあなたのビジョンにはなっても、みんなが共有できるビジョンにはならない。ビジョンづくりに深く関われば関わるほど、みんなが当事者意識を持つようになる。それはあなたひとりのビジョンじゃなく、みんなのビジョンになるのよ」

「きみのいうとおりだ」とジムは答えた。「でも、そのいっぽうで、組織の進むべき方向を知っているのはリーダーだ。わたしがビジョンを示せなければ、みんなの信頼を得られないだろう。逆にみんながわたしのビジョンに賛同できなければ、わたしがどんなに熱意をもっても、ビジョンは実現しない」

「ジレンマがあるわね」と私は考え込んだ。「でも、どちらかひとつを選ばなくてもいいんじゃないかしら。経理部の場合を考えてみると、会社全体のビジョンがはっきりしなくても、自分たちの部署がわくわくできるビジョンをつくれたことに注目すべきじゃないかしら」

「いいポイントだ」とジムはいった。「経理部が活気づいて、意欲的になっているのはたしかだ。経理部のなかの人間関係も、ほかの部署との関係も、とてもうまくいっている」

＊＊＊

その日、食堂でジムとマーシャが熱心に議論していた。そばに近づくと、マーシャが顔を上げた。

「ああ、エリー。あなたも参加してちょうだい。あなたの好きなトピックについて話していたの。ビジョンのことよ」

「経理部がいかにビジョンを作成したのか、マーシャに聞いていたところだ」とジムがいった。

二人の隣に腰かけると、マーシャがジムに話しかけた。

「最初はまず経理部のみんなを集めて、未来の希望や夢について、ざっくばらんに語り合ったの。この話し合いをもとにして、みんなに共通する希望や夢を探して、みんなに共通するビジョンを一緒に考えていったのよ」

「マーシャ自身が賛成できない案が出てくることに、不安はなかったの？」と私は尋ねた。

「それは大丈夫。わたしが重要と思うことと根本的に食い違う意見だったら、拒否権を使うようにしていた」

「そういうやりかたの、どこがよかったのかな」とジムが尋ねた。

マーシャはにっこり笑った。

「チームで考えたビジョンのほうが、わたしがひとりで考えるものよりよかったと思う。ビジョンづくりにみんなを巻き込むと、視点が広がって内容がより豊かなビジョンになるのよ」

「わたしもみんなの協力ぶりには驚いたわ」と私は付け加えた。「みんなの視点が違うことで、ビジョンに深みが出たし、お互いから学ぶことがとてもたくさんあって、仲間に対する尊敬と感謝の気持ちがめばえた」

「そうだろうね。みんな頭のいい人ばかりだし、経験も積んでいる。わが社の未来を心から思う人たちだ。彼らを巻き込むことに、なんの心配もいらない。どうかね、マーシャ」

「そうしないほうが、むしろ心配よ」

次に会ったとき、ジムと私はビジョンづくりにみんなを巻き込むことの大切さについて語り合った。

私たちは、こんな気づきを得た。

ビジョン創造のプロセスは、ビジョンの内容そのものと同じくらい大切である。

＊＊＊

その後の何カ月か、ジムは単にビジョンを印刷して配るのではなく、経験豊富なファシリテーターを雇い入れ、全社的な会議を次々と開催していった。一般的な会議とは違い、リーダーがプレゼンテーションを行ってみんなが拝聴するというかたちではない。ビジョンをめぐって社員がつっ込んだ議論を行い、十分に意見をいい合えるよう配慮された会議である。ジムはみんなに、意見や不安を声に出して表明するよううながした。

最初のうちは本気にしない人たちもいた。「前にもそんなことをやったが、時間のムダだった」という者もいれば、「社長の気まぐれさ。そのうち飽きるだろう」とたかをくくる者もいた。そうした人たちは、変化を嫌い、いまあるものを手放すのを恐れていたのかもしれない。彼らはジムがどれほど本気なのか、わかっていなかった。ジムはこの話し合いのプロセスに、完全かつ徹底的にコミットしていた。やがて、不満をいっていた人たちも、ジムのメッセージを受け止めるようになった。

そのいっぽうで、大部分の社員は最初から積極的に議論に参加した。とくに経理部の面々は意欲満々だった。こうした対話プロセスがとても効果的であることを、経験から知っていたし、自分たちのビジョンを全社的なビジョンと結びつける機会を与えられたことを喜んでいた。

「目的」と「未来のイメージ」をめぐって活発な議論が交わされたあと、ジムは保険会社としてのわが社の行動基準になるものとして、「企業倫理」「人と人のつながり」「成功」という3つの価値観を提案した。議論を通して、この3つのうち、変えたほうがよいものがあるか、新たに加えるべきものはあるかどうかが話し合われた。

さらに、この3つの価値観の優先順位も話し合った。多くの人が、収益上の成功が人と人のつながりより上にくるべきと考えたが、ジムはこの点についてはけっして譲らなかった。人と人の強い結びつきを築きあげ、仲間同士が助け合い、お客さまに奉仕するのでなければ、本当の意味で成功したとはいえないと、みんなを説得したのだ。

お客さまに安心を与えるというわが社の「目的」は、短期的には損失をもたらすかもしれない。けれど、ビジョンはもっと長期的なものだと、ジムは説明した。営利企業の社長としては、これは驚くべき考えかただ。ただし「企業倫理」という言葉は、「倫理的行動」という言葉に変えられた。私たちはそれぞれの価値観の定義をさらに深めていって、個々の価値観が意味するのはどういうことか、共通認識を築いていった。

こうしたプロセスを経ることで、社員は自分自身に対して、またお互いに対して説明責任を果たせるようになる。たくさんの議論を重ね、ふんだんに意見を聞いたあと、私たちは以下のような結論に至った。

1　倫理的行動

・他者に対して誠実かつ公正にふるまい、企業活動において法律に従い、公表されても胸を張れるような行動をとる。

・言行を一致させる。すなわち、社員の行動によって、製品やサービスを形に表す。

・信頼に応え、本心を口にし、口にしたことは実行する。

2　人と人のつながり

・同僚、顧客、会社、地域社会、そして自分自身への連帯関係を築き、その関係を継続する。そしてその過程で、互いに応援し合う。

・自分自身や他者を尊重し、その言葉に耳を傾け、支援する。また争いがあれば仲裁に入り、対立を解消する。

・多様性を受け入れ、活用することによって、よりよい判断を下し、だれもが実力をフルに発揮できるようにする。

3　成功

・わが社、地域社会、そして地球環境の成長と繁栄に貢献する。

・意義ある質の高い仕事をすることで、企業としてのエクセレンスをめざす。

みんなが協力してビジョンを作成するプロセスに、ジムや役員たちが多大な熱意を抱いていることを、社員たちも納得するようになった。「目的」「未来のイメージ」「価値観」を一方的に発表するのでなく、社員をも巻き込んで明確にしていったから、心からビジョンづくりに取り組もうとする社員が増えていった。

機は熟したのだ。それぞれが夢や希望を語り、意思決定に関与することが増えていくにつれ、みんなの意欲はますます高まっていった。

＊＊＊

こうなりたいというイメージと、企業活動の現実にずれがあることに気づいて、すぐにでも変化を起こして、問題を解決したいとはやる人も現れた。しかし組織改革など、大がかりな変化を求める提案の多くは、慎重に検討する必要があるとジムは説明した。現実を正直に見つめると同時に、未来に向けての希望や夢を語り合うと、現実と未来のギャップが見えてくる。その創造的な緊張関係を受け入れようと、ジムはみんなに呼びかけた。

いっぽうで、ジムや役員たちは「手の届く果実」という手法も導入した。つまり手軽に、かつ確実に変革できる部分から手をつけていき、もっと影響の大きい重要問題については、じっくり学習を重ねて理解を深めていくというやりかただ。

いつのまにか、自然に起きた変化もあった。「わが社のビジョン」が、個人的な目標や会社への期待と一致しない人々が少数いて、そうした人々が会社を去っていったのだ。逆に、最初は協力的でなかったのに、会社全体が〝全速前進〟しているのを見て、熱意あるリーダーに変身したケースもあった。

わが社の未来をめぐる熱のこもった議論を通して、望ましい会社の未来像が全員に共有されていった。ビジョンづくりの話し合いに、みんながなんらかの形で関わったので、完成したビジョンが浸透するのも早かった。すでに、だれもがビジョンの中身を理解していたし、強い当事者意識をもっていたからだ。

この期間を通して、すべての部署が自分たちのビジョンの作成に取り組みはじめた。それぞれの部署に合わせた独自のビジョンであっても、「わが社のビジョン」と整合性をもつよう配慮された。マーシャは各部署のチームリーダーの補佐役となって、経理部での経験を彼らに共有した。

「いよいよ変化が本格的に動き出した」火曜日の朝の話し合いで、ジムはそういった。「待ちに待った、情熱と輝きが出てきたんだ」

これほどうれしそうなジムを見るのは初めてだった。

13

ビジョンをいかに伝達するか

ある火曜日の朝、ジムと私はビジョン・ステートメントの長さについて話し合っていた。わが社のビジョンは2ページにわたっていた。

「2ページ全部を覚えるのは、とてもムリだ」とジムはいった。

「メッセージをきちんと理解できるなら、文章をすべて丸暗記する必要はないわ」と私はいった。「何かスローガンをつくったらいいんじゃないかしら。日本車の攻勢が始まったころ、フォード自動車がつくったCMのこと、覚えてる？」

「もちろん」とジムは答えた。「『ジョブ・ワン（クオリティ最優先）』というのだったね」

「わたしはミシガン州で育ったから、自動車産業にはくわしいの。このスローガンには、とても感心したわ。たいていの人は『ジョブ・ワン』というのは『クオリティがいちばん大切』

という意味に受け取った。それもまちがいじゃないけれど、そこにはもっと深い意味が込められていたの。

たいていの人は知らないけど、『ジョブ・ワン』とは組み立てラインから最初に出てくる車のことよ。このプロトタイプをもとにしてすべての車を生産するのだから、完璧なプロトタイプでなくちゃいけない。フォードの労働者に『ジョブ・ワン』と呼びかけるのは、最初に組み立てラインから出てくる車と同じくらい、すべての車を完璧につくろうという意味なの。つまり、クオリティとは何かということが、あざやかにイメージできるわけ。

それにこれは、日本車とのあいだでクオリティの勝負になるぞという宣言でもある。このスローガンには、いろいろな意味が込められているし、全社員に共通のビジョンを提供してもいる。事実この年には、フォードのトーラスがホンダ・アコードを抜いて、同一クラスの人気ナンバーワンになったのよ」

「わたしもあのときのことは覚えている」とジムはいった。「それまでは日本車が市場を席巻していた。あれは大きな転換点になった。ビジョンがフォードを〝全速前進〟させたんだ」

「でも、その後どうなったと思う？　しばらくは効果があったけれど、いまでは時代遅れじゃないかしら」

「ある時期から、あのビジョンでは羅針盤にならなくなった」とジムは答えた。「そこが問題なんだ。ビジョンを見失ったり、ビジョンにもとづいて行動できなくなったりすれば、いくらスローガンを掲げても意味がない。だれも見向きもしなくなってしまう」

「そこが人々を導くスローガンと、宣伝文句としてのスローガンの違いかもしれない」

「そうだね。スローガンは社員にビジョンを思い出してもらうためのもので、単に宣伝のためのものじゃない。スローガンが社内全体に共有されなかったら、その会社にとって厄介なことになる。士気を高めるどころか、トップの独断専行と思われて、逆効果になりかねない」

「いいお手本があるわ。ザ・リッツ・カールトン・ホテルの『わたしたちは紳士淑女に奉仕する紳士淑女である』というスローガン」

「もうひとつある。スティーブ・ジョブスの『すべてのデスクにコンピュータがある世界』を創造し、万人が手軽にコンピュータにさわったり、買ったりできるようにするというスローガンも、その好例だろう」

「スローガンはどれくらい重要なのかしら」

「そうだね。『あればいい』けど、『なくてはならない』ほどじゃないというところかな。わが社では『経済的安心を与えるビジネス』というスローガンをつくったが、好評でよかったよ。いちばん大切なのは、ビジョンをいきいきと保つことだ。スローガンのあるなしにかかわらず、ビジョンを伝える努力を続けることこそが大切だね」

「ビジョンの核心が見えてくればくるほど、ビジョンは明確になるし、ビジョンの理解も深まる」と私は指摘した。「うちでは『わが家のビジョン』をつくったけれど、たとえ時間がたって一部に変更が生じても、その本質は変わらないと思う」

「それは大事なポイントだ」とジムはいった。「ビジョンづくりは1回かぎりで終わる作業じゃないんだ」

こうして、もうひとつの重要な標語が見つかった。

ビジョンづくりは現在進行形のプロセスである。たえずビジョンについて語りつづけなければならない。

ビジョンを伝えることとは、リーダーのもっとも重要な仕事のひとつだと考えるジムは、そのためにやれることはすべて実行した。従業員たちとの日ごろのおしゃべりでもビジョンを語ったほか、会議の議題に取り上げたり、毎日のメールに取り入れたりもした。幹部たちにも、日常業務の一環としてビジョンを語るよう呼びかけ、会社の業務のなかに、また仕事のやりかたのなかにビジョンを取り入れていくよう励ました。

業務横断コミュニケーション、レベル横断コミュニケーションのチームがつくられ、ビジョンに関する全社的な対話をうながすための方策が検討された。チームのメンバーは毎週ニューズレターを発行し、社内のビジョン関連の取り組みの進行状況について、情報や意見を掲載した。さらにＳＮＳのサイトもつくられ、ビジョンをめぐって社員がネット上で対話できるようになった。

＊＊＊

「ビジョンのことでいろいろ取り組んでいるうちに、リーダーの役割について考え直すようになったよ」ジムはある朝のおしゃべりでそう打ち明けた。「前にも話したが、リーダーシップとは、目標を示して、そこに到達することだと思う。父から会社を引き継いだとき、いい経営者になりたかったし、なれると思った。その後、社員と共有できるビジョンをつくりたいと願って、いま、そういうビジョンも手に入れた。これ以上、どんな役割を果たすべきなのか、わからなくなったよ」

「みんなが自分の問題としてビジョンを共有するようになったいま、リーダーの役割は何かということね」

「そのとおりだ。父は『接着剤』だった。カリスマ性でみんなをひとつにまとめていた。いまはビジョンが『接着剤』になってくれたから、父と同じように、みんなを引っ張る必要はない。ビジョンがそれをやってくれるからね」

私は提案した。

「それなら、ビジョンにどう向き合うべきかを、繰り返しみんなに意識させ、正しい軌道を外れないよう、障害を取り除いてあげてはどう？」

ジムは笑いながらいった。

「もちろん、ビジョンを注視しつづけることがいちばん大切だ。多くのリーダーが誤解しているのは、社員は自分を注視していればいいと思っているところなんだ。ビジョンを社員たちと共有できれば、そういう考えかたはできなくなる。リーダーはビジョンに仕える召使であって、みんなから仕えられるお偉方ではないんだ。

何年も前の話だが、日本に行ったとき、松下電器の会長に会った。彼は当時、88歳だった。同席したある人物がこう尋ねた。『この偉大な国際企業の会長として、最大の任務はなんですか』と。

彼はためらうことなく、こう答えた。『愛の模範を示すことです。わたしはこの会社の魂です。会社の価値観は、わたしを通して実現するのです』。いい言葉だろう」

ジムは続けた。

「自分へのこだわりを捨てると、リーダーシップへの考えかたも変わってくる。その考えかたに立てば、リーダーシップはより高い理想に奉仕することなんだ。そこに自己中心的なリーダーシップが入り込む余地はない」

私はにっこり笑って、彼の言葉を整理してみた。

「つまり、リーダーにとっての大切な務めがいくつかある。まず、みんなに何がいちばん大切なのかを思い出させること。第2に、みんながビジョンを見失わないよう助けること。第3に、可能な限り障害を取り除いてあげること。そして第4に、みんなに実践をうながし、励ますこと」

その日の午前中、ジムから予想どおりのメッセージが届いた。

MAIL

みなさん、おはよう。ジムです。私はビジョンを実現するうえで、リーダーとしての自分の役割は何かということを考えてきました。

私が大切にしたいのは、ビジョンを推進すること、そしてみんながそのビジョンを見失わないように助けることです。私の仕事は、みなさんが仕事に打ち込めるよう補佐することです。つまり、みなさんに奉仕すること、それによってみなさんがお客さまに奉仕できるようにすることです。

みなさんの仕事は、経営者に奉仕することではありません。だからこれからも、私が思い違いをして、まちがったメッセージを送ってしまったら、必ず指摘してほしいのです。

＊　＊　＊

ビジョンをめぐる対話をうながしていくことは、会社の成長戦略の柱である。そうした対話でもっとも大切なことのひとつは、さまざまな出来事をビジョンの視点から見るよう、社員を励ますことだ。

たとえば景気が低迷して会社の売上が落ち、このままでは倒産しかねないと、みんなが心配したことがあった。このときジムは、定期的に社員に情報を流し、一部の分野で業績が落ちているものの、会社を引っ張る「ビジョン」の力は衰えていないことを伝えた。目先の現象をビジョンとの関係で解釈できれば、逆境のもとでも進歩を実感でき、意欲を途切れさせずにすむ。こうして、〝全速前進〟の気持ちを保ちつづけたまま、会社は試練のときを乗り越えることができた。

新たな成長戦略が採用され、個人顧客との関係を維持しつつ、法人顧客との関係強化に乗り出すことになった。そして吸収合併によって成長路線への道を歩みはじめた。開かれた対話を通して、こうした方針がビジョンに沿ったものであることが周知されたから、すべての社員がこの新たな戦略を支持した。

合併相手となる企業を探すにあたっても、リーダーたちはみんなが合意した「価値観」にもとづいて候補となる企業を評価し、相性のいい相手を見つけることができた。

合併プロセスが順調に進んだのも、「目的」「未来のイメージ」「価値観」からなる「わが社のビジョン」を、たやすく、ぶれることなく相手企業に伝達することができたからだった。

14
ビジョンをいかに実践するか

いつもの火曜日の朝、「説得力あるビジョン」をつくり、キャッチーなスローガンを考えるだけでは不十分なのだと、私たちはあらためて確認し合った。

「これは核心的な部分だね」とジム。「日々の生活では、きみは自分のビジョンをどうやって実践しているの？　わたしは確信しているんだが、いったんビジョンができあがったら、すぐに実践に移し、ビジョンの意図に忠実に行動すべきだと思う」

「そのとおりね」と私。「子どもたちの気持ちを少しもわかっていないと気づいた瞬間から、方向転換をせずにいられなかった。『来週から、いいお母さんになるからね』とはいえなかった。厳しい決断を迫られるから、すぐに実践するのは生やさしいことじゃない。でも学んだの。自分の価値観に従って生き、それにもとづいた選択をしていくのが、自分にとっても、子どもたちにとっても、友人や同僚たちにとっても、結局は最善の道なんだってね」

「わたしの体重管理も、そんなふうにできるといいんだが」とジムはいった。「健康を大切にすることは、わたしの大事な価値観のひとつなんだが、ついつい『来週から』になってしまう。ところが人間は、年をとると体重オーバーになるものなんだ」

「どんな運動メニューを使っているの？」

「運動メニュー？」

「そうよ」私はたしなめるようにいった。「自分でも努力して、仲間とも協力して思い立ったことを実行しなかったら、ビジョンを実現することはできない。そのためには、ビジョンに沿ったプロセスとシステムを構築して、軌道から外れないようにしないと。わたしはこれを『支援の仕組み』と呼んでいるの。

あなたは『健康』という価値観を支える、どんな『支援の仕組み』をもってるのかしら。食事に気を使っているから、その点は『仕組み』ができているわね。それに、暇を見てはゴルフに行っている。でも、毎日これと決めてやっている運動はないんじゃない？」

ジムは恥ずかしそうに、いろいろな運動を試してみたが、楽しくない、暇がない、手間がかかるといった理由で長続きしないのだと打ち明けた。「それは言い訳ね」私がそういうと、彼はあっさりと認めた。

「そもそも、健康は『価値観』といえるかしら」と私は尋ねた。「単なる趣味じゃない？」

「いや、たしかに価値観のひとつなんだ。だから、その価値観を忠実に守れないことが悲しいんだ」

そのとき、いい考えが浮かんだ。

「運動に関しては、わたしだって優等生とはいえないわ。どうかしら、あなたにとっても、わたしにとっても役立つような『仕組み』を考えない？　火曜日の朝にコーヒーを飲んでおしゃべりするんじゃなく、歩きながらおしゃべりしたら？」

結局、私たちは「健康」という価値観にプラスになるような「仕組み」をつくり、お互いに説明責任を果たすことにした。ジムと私のおしゃべりの習慣は、こうしてさらなる変化を遂げた。45分間のウォーキングと、いつものおしゃべりを兼ねることにしたのだ。

＊　＊　＊

そんな散歩のある日、ジムがいった。

「ウォーキングを始めて、本当に効果があったよ。『支援の仕組み』のおかげで、自分のビジョンに忠実になれた。チームや組織全体のレベルでも、『仕組み』はきっと効果があるんじゃないかな」

「チームの場合は、まちがいなくそうね」と私は答えた。「『支援の仕組み』の大切さを教えてくれたのはマーシャよ。経理部のビジョンができあがった当初は、みんなの熱気がすごかった。ビジョンがあるだけで、いろいろなことが自然に改善された。経理担当者と外交員の関係とかね。でも私の記憶によると、ちょうどあなたと『創造的緊張』について話し合っているころ、自然に任せておいては解消しない問題をマーシャが放置して、みんなの意欲が下がってしまったことがあった。ビジョンに従おうとしない人がいても、問題行動の説明責任を問えなくて、チーム全体がぴりぴりした雰囲気になってしまったの」

「それでどうなったの？」ジムは興味を示した。

「チームミーティングもギクシャクして、出てくるのは不満ばかり。そこでマーシャは気づいたの。ビジョンのことが頭にない人たちをほうっておくと、ほかのメンバーの信頼や意欲までそがれてしまうって。

そこで、『支援の仕組み』をつくったの。部下のひとりひとりと面談して、それぞれの目標を文書にまとめあげた。さらに、チームの価値観に従って行動しているか、実質的な成果を生み出しているかなど、目に見える評価尺度も導入した。そのうえで、各自で定期的に成績チェックを行い、必要に応じて指示を与えたり、助け舟を出したりしたの。

経理部にひとり問題児がいて、自分からやめるか、クビになるかと見られていた。それがマーシャの指導を受けてからは目標が定まって、頼もしいチームメンバーに成長したのよ」

「マーシャはほかにも、そういう『仕組み』を導入してるね。理由があってのことだったんだと、よくわかったよ」

「マーシャは経理部をハイパフォーマンスチームにしたかったの。さまざまなプロジェクトの優先順位、仕事の分担、問題解決などについて、みんながリーダーシップと責任を共有することを望んでいた。そのための『支援の仕組み』として、みんなでコミュニケーションや意思決定のプロセスを構築して、チームが軌道を外れないようにしたのよ」

「組織全体でも『支援の仕組み』が重要とわかって、全社的にどこを変えていくべきかわかったよ。『わが社のビジョン』ができあがったあと、まず何からとりかかろうか迷っていたところなんだ。

会社の掲げる戦略や手法の一部は時代遅れになっていて、仕事がやりづらくなっている。『わが社のビジョン』に合うように、そうした戦略や手法を総点検しようと思う。これは簡単に決断できる問題だ。

いっぽうで、もっと厄介な問題もある。たとえば、わが社の「情報の開示」は申し分なく、社員は必要な情報を完全に得られるようになっているが、報酬については、チームワークより個人の業績が報われる傾向にあった。そこで個人もチームも、貢献に応じた報酬や手当を得られる新しい制度をつくろうと思う。これは優先事項なんだと、人事部を説得するつもりだよ。

チームワークについても、チームに非協力的な社員を非難するだけじゃなく、チームワークの心得を教えるトレーニングを実施することにした。これはビジョンの『支援の仕組み』のひとつで、単なる研修ではないのだから、予算を見直して必要経費をまかなえるようにするつもりだ」

「『支援の仕組み』は、具体的な目標設定を行ううえでも有益よ」と私はいった。

「その点はわたしも大いに期待している」とジム。「『わが社のビジョン』ができあがったいま、そこから具体的な目標をどう立てるかがとても大事だからね。ビジョンから外れた目標では、思いつきだけで終わったり、抽象的になったりして、意欲がわかない。しかし個々の目標がビジョン実現の土台になっていれば、ビジョン実現までの標識として、正しい方向に向かっているかどうかを知る手がかりになる。つまり目標とは、ビジョン実現に向かうための具体的かつ計測可能な行動指針なんだ」

＊＊＊

こうしてジムと私は、ビジョンを実践に移していくには、いくつかの重要な段階があることを学んだ。私はその日のうちにそれをカードに書き込み、ジムに手渡した。

◎ビジョンを現場で生かす4段階

- ・「目的」「未来のイメージ」「価値観」を明示したビジョンをつくる。
- ・現実を直視して、創造的緊張を進んで受け入れる。
- ・ビジョンに沿った「支援の仕組み」をつくる。
- ・具体的な目標と行動計画をつくる。

＊　＊　＊

いつもの火曜日の朝、ジムと私は「どの瞬間にもビジョンを実践する」ことの大切さについて語り合っていた。新しい散歩コースを早足で登りながら、ジムはいった。

「エリー、『ビジョン実践のプロセス』についてわかったことを、わたしたちの散歩にたとえるといいんじゃないかな」

ジムの横顔を見て、また何か思いついたなと思った。けれど、息が切れて返事ができなかった。

「つまりね」と彼はつづけた。「めざすべき方向は決まった。そこへ至るルートも考えた。でも、本当に大切なのは、いまこの瞬間に踏みしめている一歩なんだ。これはたとえじゃなくて、文字どおり、いまのこの一歩がすべてなんだ。だから、この一歩をどうするかが、とても大切だ。別のことを考えていないか。朝の新鮮な空気を十分に味わっているか。足もとの大地を感じているか。そして、いまこの瞬間、ビジョンを実践しているか」

はっと胸をつかれる思いがした。実をいうと、夕食は何にしようか、子どもたちのお迎えはどうしようか、仕事上の難問をどう解決しようかなどと考えて、いまこの瞬間を味わおうとしていなかった。まったく彼のいうとおりだった。私は1日中、先のことばかり考えて、少しも目の前のことに集中していない。

それからあとの散歩は本当にすばらしく、朝のすがすがしさを思い切り味わった。数時間後にジムのメッセージを読んだとき、私はあらためて深い感銘を受けた。

MAIL

みなさん、おはよう、ジムです。これまではビジョンについて、それがわたしたちみんなにとってどれほど大切かということを考えてきました。そこでみなさんに思い出していただきたいのは、ビジョンそのものと同じくらい、そこへ至るプロセスが重要であるということです。

そして、そのプロセスのなかでもっとも現実味を帯びているものは、いまこの瞬間に踏み出した、この一歩なのです。それがすべてなのです。ですから、いまこの瞬間に気持ちを集中することが大切です。自分がいまこの瞬間、ビジョンに沿った行動をしているかどうか、たえず点検しましょう。この一歩一歩の豊かさのなかに、人生の美しさが秘められているのです。

15

あきらめずに進みつづける

サムと定期的にデートを重ねるようになってだいぶたつ。一緒にいて楽しいし、素早い切り返しで、いつも笑わせてくれる。頭がよくて質問が鋭いから、こちらの思考も深まることになる。

子どもたちに紹介したところ、感じよくふるまってくれただけでなく、子どもたちの様子から、自分がどこまで深入りしていいかを察したようだ。その姿に心を打たれ、子どもたちの気持ちを敏感に感じ取ってくれたことに感謝した。

私の仕事に理解を示してくれることもありがたく、マーケティング用に作成した文書を読んでくれるのも心強かった。

ひとつ驚いたのは、ビジョンのことやジムと私の議論に、彼がほとんど興味を示さないことだった。ジムに嫉妬しているのかしら、とも思ったが、思い切って尋ねてみた。

「ビジョンの話になると、あまり関心がないようね。そのことを持ち出すと、最初は耳を傾けてくれるけれど、すぐに話題を変えてしまうでしょう。どうしてなの？」

サムは一瞬ためらったあと、こう答えた。

「きみにとっては大事なことなんだろうが、正直いって、ビジョンというものにはあまり期待してない。10年前、シニアマネジャーをやっていた大手企業を退職した。当時、『配置転換』という名目の苦しい期間があって、ビジョンや価値観についてのワークショップが開かれてリーダーを命じられた。まったくの茶番だったよ。つまりはダウンサイジングなんだ。大勢がクビになって、残った者も友達や同僚にうしろめたさを覚え、自分もいつどうなるかわからないと不安になった。

ビジョンなんていっても、しょせんは空疎な美辞麗句なんだ。シニアマネジャーの自分は、部下が現状に立ち向かうのを助けるんじゃなく、いんちき話で丸め込んでいる気分だった。これ以上、偽善の片棒を担ぐのにうんざりして、会社をやめたんだ」

つらい経験を話してくれてありがとうと、サムに感謝した。ビジョンに夢中になりすぎて、まちがった使われかたをしたときに、どんなことが起きるかなんて考えもしなかった。

その次の火曜日、一緒にウォーキングをしながら、サムから聞いた話をジムに伝えた。

「サムの経験は、けっして珍しいものじゃない。だからこそ『わが社のビジョン』に取り組む前に、ビジョンとは何かを理解したかったんだ。何をするにしろ、みんなに本気で受け止めてもらいたかった。サムの会社が、わたしたちと同じようにビジョンをきちんと理解していたら、もっとちがった結果になっていたんじゃないかな」

「わたしたちが学んできたことは、どんな会社にも役立つはずよね。でも、サムがいた会社で、そんなことありえたかしら。サムの話では、従業員は傷ついて、裏切られた気持ちだったそうよ。うちの子どもたちも、同じ気持ちだったと思う。私はまず二人の話を聞くことから始めた。二人の気持ちを尊重して、不安を理解しようとした。私自身も変わろうと努力した。最初にそういう努力をしていなかったら、いまでも子どもたちの怒りは収まらず、『家族のビジョン』なんて反発するだけだったと思う」

「順序が大切なんだ」とジムはうなずいた。「リーダーはビジョンに本気だと、部下に思われないといけない。長年の問題が放置されていたとしたら、まずその事実に正面から向き合うことだ。そして解決に向けて、ささいなことでもいいから、なんらかの行動をとる。そうしなければ部下の信頼なんて得られないし、ビジョンづくりに心から参加してもらうことだってできない」

その後、ジムの意見を伝えたところ、サムも納得したようだった。

「それはまさに、ルイス・ガースナーがＩＢＭでしたことだ」とサムはいった。「ＩＢＭに勤めていたとき、ガースナーがＣＥＯに就任したんだ。当時のＩＢＭはひどい状態で、毎年、何十億ドルもの赤字を出していた。ガースナーが最初にしたことはビジョンじゃない。まずは、出血を止めるための応急手当をしたんだ。大規模なレイオフが行われたが、ビジョンを押しつけることはなかった。そんなことをしても、社員がその気になれるわけがないからね。代わりに、強力なリーダーシップを発揮した。やがてみんなも、この人がいれば路頭に迷うことはないと安心したんだ。そのときになって初めて、彼はどういう方向性をめざすのかをわれわれに示した。技術の進歩で、メインフレームは時代遅れになっていた。だからこれからは、多分野を手がける情報通信インテグレーターになるんだ、総合ソリューションを提供する会社として生きていくんだとね」

「なるほど」と私はいった。「あらためて、タイミングの大切さを痛感するわ。ガースナーはまず、いまある危機に対処した。でないと会社はつぶれていたものね。いっぽうで、ビジョンづくりをいつまでも先送りしていても、やはり会社はつぶれていた。ビジョンがあったからこそ、ＩＢＭは変われたのだから」

サムはにっこり笑った。
「エリー、きみにかかると反感も消えてしまうね。なんだかビジョンに興味がわいてきたよ」

その日の家族との夕食でも、逆境に追い込まれた人が話題になった。ジェンが学校で見た、テリー・フォックスという人物の映画のことだ。娘の話で興味がわき、その晩、インターネットでフォックスのことを調べてみた。それは人生の軌道修正を迫られながら、ビジョンの力を信じた、すばらしいカナダ人青年の物語だった。

テリーは高校在学中、年間最優秀選手に選ばれるほどのスポーツマンだった。ところが高校卒業の直後に悪性腫瘍が見つかり、4日後に脚を切断することになった。

手術の前夜、彼は脚を切断した人がニューヨークシティマラソンに出場したという雑誌の記事を読む。その晩、テリーは「カナダ横断マラソン」という夢を抱いたのだった。

術後の治療は、かつて経験したことがないほど苦しいものだった。のちに彼は、カナダがん協会への支援要請の手紙にこう書いている。

「1年4カ月にわたる抗がん剤治療は、肉体的にも精神的にも消耗を強いる試練でしたが、この間に、がん病棟のなかに息づき、それを覆いつくしているさまざまな感情をいやというほど体験しました。けなげに笑顔をつくる人もいれば、すっかり笑顔を忘れてしまった人もいました。現実から目をそむけ、一縷《いちる》の望みにすがる人もいれば、絶望している人もいました。……〔略〕……この苦しみを、なんとか終わらせなければ。……〔略〕……そのために、私は力いっぱい努力しようと決意したのです」

彼はカナダを走って横断し、がん撲滅のために100万ドルの寄付を集めるというビジョンを胸に、がん病棟をあとにした。彼のマラソンには、もうひとつの目的もあった。義足でも、できないことなんてないのだと証明し、身体障害者に対する人々の見方を変えようとしたのだ。

テリーは最初、計画を秘密にしていた。だれにも見られないよう、暗くなってからマラソンの練習をした。周囲が応援してくれるとわかってから、ようやく家族や親しい友人に自分のビジョンを打ち明けた。1年3カ月にわたるつらいトレーニングを経て、1日に37キロも走れるようになった。練習を休んだのはクリスマスの1日だけ。それも、母親に懇願されてのことだった。

1980年4月12日、彼はニューファンドランド島のセントジョンズの海岸で、大西洋の水に義足を浸し、カナダ横断マラソンを開始した。

彼はたちまちカナダ中の英雄となった。どの町に行っても歓声で迎えられた。ぎこちないリズムでステップを踏みながら、歯を食いしばり、前方をまっすぐ見据えて道路を走る彼の姿を見て、人々は感動の涙を流した。

ショートパンツにカナダの地図をプリントしたTシャツを着て、テリーは毎日、夜明け前から走りはじめた。自分の障害を隠そうともせず、義足も丸見えだった。そんな義足を、子どもたちは好奇の目で眺めた。どういう仕組みなの？　壊れたらどうするの？　テリーは子どもたちの質問を大歓迎し、いちいち足を止めて質問に答えた。

寄付金はまたたくまに集まった。

テリーはニューファンドランドから6つの州を横断して、全長5373キロを走り抜き、全コースの3分の2を踏破した。143日にわたり、毎日、マラソンコースに匹敵する距離を走りつづけた。けれど1980年9月1日、テリーは体調の悪化でマラソンの中断を余儀なくされた。がんが肺に転移したのだ。

彼は治療のために帰郷。そして23歳の誕生日を1カ月後に控えた翌81年6月28日、家族に見守られながらこの世を去った。

私は思った。テリーはビジョンを達成したのだろうか。「カナダ横断」は果たせなかった。でも、よく考えてみると、彼のビジョンはカナダを横断することではない。カナダ横断は、ビジョンを実現するためのひとつの計画にすぎなかった。本当のビジョンは、がん研究のために100万ドルを集め、障害者への理解を深めることだったのだ。事実、テリーは2340万ドルを集めている。しかも、彼のビジョンはその死とともに終わらなかった。テリー・フォックス・ランは、現在に至るまで毎年の恒例行事として開催され、さらに多くの寄付金を集めているのだ。

予想もしない事態によって軌道修正を迫られたら、どうすればいいのだろう。テリーはがんの転移など予測してはいなかった。それによって軌道修正を迫られ、当初の予定を変更せざるをえなかった。けれど、彼のビジョンは少しも損なわれなかったのだ。

私はテリー・フォックスの物語と、そこから学んだことをジムに報告した。予想外の事態が起き、軌道修正を迫られても、むりやり軌道をもとに戻そうとする必要はない。ビジョンから目を離しさえしなければ、むしろ計画は修正すべきなのだ。

＊
＊
＊

「具体的目標を決めることの意味はなんだろうって、ずっと考えているんだ」翌週の朝のウォーキングでジムがいった。「これまでの結論では、具体的目標はビジョンの実現をめざすうえでの標識のようなもの、ということだったね。だからテリー・フォックスやＩＢＭのルイス・ガースナーみたいに軌道修正を迫られたら、そうした具体的目標を、あくまでビジョンに沿ったかたちで切り替えることが大切になってくる」

「ヨットの操船と同じよ」と私は答えた。ミシガン湖の近くで育ったので、セーリングには自信がある。「湖でセーリングするときは、目的地を頭に入れつつも、船をまっすぐ目的地に向けてはダメ。ベストな風をとらえないとスピードは出ないから、タッキングといって、何度も方向転換しながら目的地をめざすの。いきなり風向きが変わることがあるから、すばやく方向転換できないと、転覆してしまうこともある。目的地が『ビジョン』だとすると、タッキングとは、具体的目標を新たに立て直すということね」

「わかりやすいたとえだ」とジムはいった。「わが社では毎年の目標を立てているが、これからは『わが社のビジョン』との連携で考えていくことになる。もし年度の途中で想定外の事態が起きて軌道修正を余儀なくされたら、目標を見直す必要があるね。まさにタッキングだ」

「『目的』は『何を』、『未来のイメージ』は『どこへ』、『価値観』は『いかに』ということだとすると、『具体的目標』は『いま』ということになるわね」

「うまい説明だ。気に入ったよ」

結論として、いつまでも同じ軌道を進めると思うのはまちがいだということだ。変化は避けられない。それより重要なのは、「軌道を外れたとき、どうするか」だ。ビジョンを見失いさえしなければ、コースを変えてもかまわない。〝予定どおり〟にいかなくても、あきらめずに進みつづければいいのだ。

それにつけても、意識的にビジョンを視界にとらえつづけることが、いかに大事かということがわかる。多くの人が、希望や夢いっぱいに人生を歩みはじめ、予定どおりに進んでいると思い込んでいるけれど、気がつくと、人生は思った方向とはかけ離れたものになっている。そうなってしまったことに、びっくりする。知らぬまに、わずかな潮の流れや目に見えない海流に流されて、少しずつコースを外れてしまうのだ。

だからこそ、意識的にビジョンに目を向けつづけることが大事なのだ。ビジョンを有効活用するには、一度つくっておしまいではなく、進行形のプロセスを続けていかなければならない。

＊＊＊

ビジョンを見失わず、めざして進みつづけるには「勇気」が必要だ。

私は、他人が自分の夢を見つけたり、言葉にしたりするのを助けるのが得意だ。ジムも、マーシャも、子どもたちも、私に助けられた。なのに、自分のことになると、さっぱりなのだ。マーケティング部での仕事を通して、文章力に磨きがかかり、自信もついた。けれど内心では、仕事で扱う文章に物足りなさを感じていた。保険会社での勤務が長くなればなるほど、もやもやがつのっていた。

いまこそ「勇気」が必要なのかもしれなかった。私の「人生のビジョン」では、創造的な表現活動に才能を活かすことになっていた。いまが行動のときなのだろうか。

でも、その行動が、私には絶壁から飛び降りることのように思えた。着地点が見えなかった。いまの会社をやめて、はたして生活が成り立つのだろうか。ジムとの関係も切れてしまうのだろうか。自分の本当の気持ちはわかっていても、次の一歩を踏み出すのが怖かった。

ある晩、ジェンがいった。

「ママは、寝る前によくお話をしてくれたわね。とってもおもしろかった。あれを書いてみたらどう?」

アレックスも横から口を出した。

「ジェンのいうとおりだ。ママはお話づくりの天才だよ」

子どもたちに励まされて、私はその気になった。毎日、家に帰ると、子どもたちが小さいころに話して聞かせた物語を書き起こした。さらに話の内容を少し大人向きに変えて、ジムとともに学んできたことも盛り込んだ。

自分の「人生のビジョン」を、あらためて思い返してみた。私のビジョンは「真理」であって、「恐怖」ではない。みんなが「夢」に向かって行動できるよう助けるのが私のビジョンであって、それには私自身も含まれるのだ。そして、逆らうのではなく、受け入れることも私のビジョンだ。このビジョンを実行するときがきていた。

私は仕事から帰ると、夢中で執筆に取り組むようになった。ブログもつくり、そこに載せた物語のいくつかがオンライン雑誌で取り上げられた。さらに、物語のプロットを新聞や雑誌の編集者に送り、お金を稼げるようにもなった。

物書きとして多少なりとも収入を得られるメドが立つと、今度はプランづくりだ。数カ月後には双子が大学に入学し、学費は亡き夫の両親が払ってくれることになっている。二人が出ていったら、家を売って小さなアパートに移ればいい。予算を立ててみると、いまある貯金で半年は生活していけそうだ。その半年で、筆一本で食べていけるかどうかを試そう。無理だったら、それはそのときのことだ。新しい道へ踏み出したら、軌道修正を迫られることだってある。それは先刻承知だ。大切なのは、何があろうと、自分のビジョンを視界から見失わないことなのだ。

子どもたちに計画を話すと、もろ手をあげて賛成してくれた。大学に入ったら、こづかいくらいはアルバイトで稼ぐという。

きみが会社からいなくなるのは本当に寂しいが、きみの気持ちは理解する、とジムはいってくれた。うれしい驚きは、会社をやめても火曜日の朝のウォーキングは続けるといってくれたことだった。

さわやかに晴れ上がったある日、私はありったけの勇気をふるって、新しい生活に飛び込んだ。最初は苦しいだろうと思ったし、現に苦しかった。暮らしぶりも変えなければならなかった。当面は、雑誌の収入がときたま入るだけだった。

転機が訪れたのは、ジムが私の書いた記事を大学時代の友人に送ってくれたことだった。その友人は大企業のCEOになっていて、自伝を書くのに手助けを必要としていた。彼は私の文章を気に入ってくれ、採用が決まったのだ！　長期の仕事ではないが、定期収入が入ってくる。もっと大きかったのは、物書きとしての自信がついたことだ。ほかにも自分の作品として、子ども向けのことわざを題材にしたビジネス書の執筆もはじめた。

この間、サムはとても力になってくれた。私の書いた記事や、本の草稿に目を通し、励ましてくれた。彼がいてくれることが、どんなに力になったことだろう。本当に筆一本で生活していけるのか、不安でたまらない日もあったけれど、自分の選択は正しいと信じることができた。

お金持ちにも、有名にもなれなくても、贅沢さえしなければ好きなことをして暮らしていける。よくいわれるように、好きなことで生活していけるなら、生涯、1日たりとも働かなくてもすむのと同じなのだ。

＊＊＊

会社をやめて1年後、ふたたび私の〝勇気〟が試されるときがやってきた。サムと知り合ってずいぶんたっていた。二人の関係は、とてもうまくいっていた。サムはありのままの私を受け入れ、私の愛情に満足し、ムリな要求を押しつけたりしなかった。私はどこかで決断を避けていたが、サムは私の気持ちを尊重してくれているようだった。

そんなとき突然、遠く離れた土地にサムが条件のいい職を得ることになった。私に結婚を申し込み、一緒に来てほしいという。断る理由はどこにもなかった。彼のことを愛していたし、子どもたちはすでに家を出ている。それに私の仕事は、どこにいてもできる仕事だ。結婚に踏みきれない唯一の理由は、最大の理由でもあった。結婚は大きな賭けなのだ。私はそこで、対案を出すことにした。2カ月に一度、彼を訪ねて数週間、生活をともにするという案だ。

サムは不満げだった。

「わたしはきみを愛している。きみもわたしを愛している。なのにどうして、ためらうんだ。さあ、思い切って。一緒に来て、一緒に暮らしてほしい。夫婦としてね」

私はジムにしばらく会っていなかった。火曜日の朝のウォーキングも、以前ほど頻繁ではなくなっていた。私は彼に電話し、火曜日の朝のウォーキングに誘った。

サムが新しい仕事で引っ越すこと、結婚を申し込まれたことを伝えると、ジムはずばりと尋ねた。

「彼のこと、愛しているの？」

「愛している。でもそれが問題ではないの」と私は答えた。

「わたしにいわせると、それ以外に問題なんてないはずだ」ジムはやさしくほほえんだ。「わたしと妻の愛情は、互いにすべてを与え合う親密な関係だからこそ得られる愛なんだ。サムは、そんなすばらしい愛を、きみに捧げようとしている。しかもそれは、きみのビジョンとも完全に一致するんだ」

最愛の友ジムとともに歩く心地よさのなかで、自分がどれだけ成長させてもらったかを振り返った。そして「すべてを与え合う親密な関係」という彼の言葉に、強くひかれた。自分の「人生のビジョン」にも、たしかに「愛にもとづく人間関係」が含まれている。

振り返ってサムのことを考えると、私は自分で自分の限界をつくり、「人生のビジョン」を100パーセント生きることを拒んでいたのではないだろうか。そう気づいた瞬間、最後の壁が崩れ落ち、サムとの結婚に踏み切る勇気がわいてきたのだった。

16

「成功」から「意味」へ

あれから10年、カーペンター保険会社は「わが社のビジョン」に導かれ、3倍の規模に成長した。広くてきれいな新社屋もできあがり、2つの州に支社をオープンし、保険業界でも全国的に名を知られる存在となった。カーペンター保険会社は書籍や新聞、ドキュメンタリーで「すぐれた業績を持続している会社」「もっとも働きたい職場」として取り上げられた。

社業の発展にともない、マーシャはCFO（最高財務責任者）となり、ジムのよき片腕として信頼されていた。規模が大きくなって、いろいろな面で複雑にはなったが、カーペンター保険会社は引き続き「わが社のビジョン」に牽引《けんいん》され、「わが社の価値観」を実践することで、企業文化を維持しつづけていた。

社員の成績評価には、売上などの実質的な貢献ばかりでなく、マネジャーとして効果的な対話ができているか、強力なチームづくりができているか、部門を超えて協力できているか、対立を上手に解消しているかなども評価された。会社の価値観に合わない行動があれば、昇進はありえなかった。

収益と同じくらい、価値観を実践することが重要視された。一例を挙げると、売上トップのある外交員は、傲慢《ごうまん》な態度を改められず、仕事仲間と協調することもできなかった。上司からフィードバックを受け、コーチングも受けたが、行動は改まらなかった。トップセールスでありながら、この外交員は解雇された。

ある大手のビジネス雑誌がカーペンター保険会社を取り上げた際、社員のひとりがインタビューにこう答えている。

「保険という仕事を嫌う人もたくさんいますが、わが社のお客さまは少しもそんな気持ちをもっていません。むしろ、われわれに敬意を抱き、けっして裏切ったりしません。社員の入れ替わりもほとんどなく、たえず成長を続けています。

どうしてそんなことが可能なのでしょうか。どうして保険業界でこれほどの成功を達成できたのでしょうか。それは、社員ひとりひとりがわが社のビジョンを理解し、その実践に取り組んでいるからです。お客さまは、万一のことがあっても経済的に保証されるという安心を得ています。わたしたちはあらゆるお客さまと、個人と個人のつながりをもち、それぞれのお客さまのニーズを理解しています。わたしたちに任せれば、最適のサービスや商品を、もっともお得な価格で手に入れられると、信頼していただいています。そして困ったことがあれば、わたしたちに電話一本していただけばすむのです。

外部の人がふらりと会社にやってきて、『あなたたちの会社のビジョンはなんですか』と尋ねたら、受付係から外交員、顧客サービス担当者、警備員に至るまで、あらゆる社員が同じ答えをするでしょう。それはビジョンを丸暗記しているからではなく、日々、そのビジョンを実践しているからなのです」

収益が上がったことで、ジムはある決断をした。会社が大切にしている価値観のひとつ、「地域社会と地球環境の成長と繁栄に貢献する」を実行するため、開発途上国のさまざまな地域に教育や資源を提供する財団を立ち上げたのだ。

社員のひとりにパラグアイの小さな村の出身者がいた。この若者がジムのもとにやってきて、この財団を通して、生まれ故郷に学校を建てる資金を出してもらえないかと尋ねた。財団は、このプロジェクトへの出資を決めた。それから何年もかけて、ジムをはじめとする社員たちがこの村を訪ね、市長や若者の父親に会い、多くの住民と交流した。そして、ともに手を取り合って小学校を建設、つづいて高校や集会所も建設した。さらには遠隔地に住む子どもたちのために、スクールバスも寄付した。歳月を重ね、教育の効果で地域経済は目に見えて改善し、人々の生活の質も向上した。

引退の時期を尋ねられると、ジムは決まってこう答えた。「まったく頭にないよ！」と。しかし、ジムの関心は、徐々に財団のほうへ移っていった。結局、マーシャを次期社長に指名し、自分は財団の仕事に大きく比重を移すことにした。

＊＊＊

いっぽう私は、ジムとともに学んだ「ビジョンの原理」を文章化し、ビジネスマン向けに『マザーグース・マネジメント』という本を出版した。幼児向けのことわざを使って、「ビジョンの原理」を説くという内容だ。

サムとの結婚生活は安定し、充実感にあふれていた。心の底から大切だと思うこと、真実だと思うことをいつも忘れないようにと、彼は励ましてくれた。もちろん、いいときも悪いときもあった。それでも「すべてを与え合う親密な関係」によって、どんな問題も解決することができた。

ある日、コンピュータの整理をしていたら、ジムのメールを集めたフォルダが出てきた。

拾い読みをしていると、あるメッセージに目が留まった。

MAIL

みなさん、おはよう。ジムです。昨日の晩、あるパーティに行って、久しぶりに友人たちと会いました。とても楽しいひとときでした。

保険業界に入りたてのころ、いろいろ助けてくれた古い友人もいました。この友人に「わが社のビジョン」のことを話し、会社の成功も、人生の成功も、あなたがいてくれたおかげだ、といって感謝したのです。彼は満面の笑みを浮かべて喜んでくれました。

そこで今日はみなさんに質問したいのです。あなたの人生を支えてくれた人に、最近感謝の言葉を伝えていない、などということはありませんか。ぎゅっと抱きしめることさえしていないのでは？　たえず「愛している」といいつづけていますか？　親や親戚、あるいはかつて助けてくれた友人たちに。

これを読んで、ジムにメールを送ろうと思った。そして、彼が私にとってどれほど大切な人かを伝えようと思った。

私の人生は、彼によってどれほどすばらしいものになっただろうか。感謝をささげ、いつまでも「愛してる」といいつづけたい。そう伝えた。いつもはすぐに返事をくれるのに、数日たっても反応がないことを、私はいぶかしく思った。せめて、メールを受け取ったという知らせくらいきてもいいはずだ。

その週末の朝早く、その謎を明らかにする一本の電話がかかってきた。

「エリー、クリステンよ。実はパパが入院したの。パパもあなたに知らせたいだろうと思って、電話したのよ」

「重病なの？」と私は聞き返した。

クリステンは口ごもった。

「そうなのよ、エリー。心臓なの。1週間ほど前から体調が悪くて、昨日の晩、救急搬送されたの」

「診断は？」

何もかも信じられなかった。ジムはいつだって、あんなに元気そうだった。無敵の鉄人みたいに……。

「手の施しようがないっていわれたわ」そのとき初めて、クリステンの声がふるえだした。「いまは集中治療室にいるの。今日までもたないっていわれて、意識もないけれど、いまのところがんばってくれているわ」

受話器を置いた私は、信じられない思いで立ちすくんでいた。私が出会ったなかで、いちばん頑丈なハートをもった人が、よりによって心臓を病んでいるなんて……そんなこと信じられない。とにかく、もう一度会いたい。最後にもう一度。だって、ジムが私のメールを読んだかどうか、私の「愛してる」が伝わったかどうかさえわからないのだから。

私はサムに電話して事情を話し、いちばん早い飛行機に飛び乗った。

到着するとすぐ、クリステンに電話をかけた。そのまま病院に向かうつもりだった。

「エリー、病院に行かないで、うちに来て。わかった？」クリステンは静かな声でいい、電話を切った。

ジムの自宅に向かう途中、私はタクシーの後部座席にぐったりともたれかかっていた。おずおずと呼び鈴を鳴らすと、クリステンが出てきた。一言も発せず、私の体に腕をまわし、さめざめと泣きはじめた。私の目からも涙がぽろぽろとこぼれ落ちた。まだ実感はわかなかった。けれど、ジムが死んだことはわかった。

＊＊＊

葬儀のあと、一同は連れ立って自宅に戻った。大勢の人が集まり、思い出を語り合っていた。ジムはこんなにも多くの人に、こんなにも多くのやりかたで影響を与えていたのだ。

何をするともなく、トイレのほうへ向かって廊下を歩いていくと、ジムの書斎の前を通りかかった。他人の家だということもすっかり忘れて、吸い込まれるように書斎に入った。なんでもいいから、ジムに関係あるものに触れたかった。彼のデスクに歩み寄り、その前に腰をおろし、長いあいだ窓の外を眺めていた。

ジムの「人生のビジョン」を記した死亡記事をクリステンが見つけたのも、このデスクだった。ふと見ると、デスクの上に、あたかもたったいま読み終わったかのように、私がジムに送ったメールのプリントアウトが広げられていた。私は、深々と安堵のため息をついた。彼はメールを読んでくれていたのだ。

デスクの上には別の紙が置かれ、ジムの筆跡で、走り書きのようなメモが残されていた。ジムはいまも毎朝のメッセージを送りつづけていて、どうやらそれは翌朝のメールメッセージの下書きらしかった。

私は中身を読んでみた。

・「成功」から「意味」へ進むとはどういうことか。

・地域社会にお返しをすることの大切さ。
・私たちはみな、この世界でともに生きている。

いまにも彼の声が聞こえてくるような気がした。「みなさん、おはよう。ジムです」と。

私はジムにさよならをいい、最後の贈り物にお礼をいった。「成功」から「意味」へとはどういうことなのか、それを明らかにするという最後の宿題に。

＊＊＊

あれから何年ものあいだ、私はジムの最後のメッセージについて考えつづけ、ひとつの結論に達した。

つまり地上に住むものはみな同じ共同体の一員であり、共通のビジョンを創造する義務を負っているということだ。自分の欲望を満たす、自分のためだけのビジョンではあまりに視野が狭すぎる。最終的には具体的な目標を達成できるとしても、真の意味で満たされるには、有意義な貢献をしてこそなのである。

人間が心に抱くイメージは、自分たちがつくりだす現実に大きな影響を与えるといわれる。映画やテレビ、あるいは子どもたちのテレビゲームにまで、破壊のイメージが蔓延《まんえん》しているのが気にかかる。いっぽうで、平和のイメージが描かれることはめったにない。平和な世界のイメージとはどんなものですかと尋ねても、ほとんどの人はあいまいな答えしかできない。ところが第三次世界大戦後の世界はどんなものですかと尋ねると、なまなましい表現がいくらでも出てくるのだ。

私は自分の車に「世界平和をイメージしよう」というステッカーを貼っている。そして、ことあるごとに、よりよい地球のイメージを思い描こうと呼びかけている。

ジムのメモにあった「成功」から「意味」への転換を通して、隠されたもうひとつのビジョンの原理が見えてきた。

ビジョンは、かかわるすべての人に恩恵をもたらすものでなければならない。

少なくとも、ビジョンを実践することで、だれかを傷つけることがあってはならない。お客さまに利益をもたらしても、従業員に利益をもたらさないようなビジョンは無意味である。

ヒトラーに「ビジョン」はあったのか、と聞かれたことがある。私の答えはこうだ。「わたしが考えるビジョンの原理からは、ヒトラーは外れている。けれどカリスマ性があり、その恩恵を受ける人々に説得力ある『イメージ』を示したことはたしかである。遺憾なことは、その『イメージ』から外れる人々が疎外され、大勢の人々が想像を絶する辛酸をなめさせられたことである」

イメージは現実化する可能性がある。だからこそ、ビジョンに真摯《しんし》に取り組み、そのビジョンの影響を受ける幅広い人々に配慮しなければならない。私自身の「人生のビジョン」も、ますます多くの人々を巻き込むようになっている。これから先、このビジョンがもっと広範囲に影響を及ぼすものになっても、私はつねにビジョンの実践に努め、勇気をもって行動をとるつもりだ。

ありがとう、ジム。あなたのビジョンは、「そこにいるというだけで、この世界をよりよい場所にする」ことだった。たしかにあなたはそれを実現した。そして友よ、私はいまも〝全速前進〟で進んでいるのです。

まとめ

ビジョン創造の手引き

『ザ・ビジョン［新版］』を楽しんでいただけただろうか。「まとめ」では、物語の中心となる概念やツールを短くまとめ、みなさんが自身のビジョンをつくる参考にしていただこうと思う。個人のビジョン、チームのビジョン、あるいは組織全体のビジョンのいずれであっても、ここでご紹介する原則は応用可能である。

「ビジョン」とは何か

- ビジョンとは、自分は何ものであり、どこをめざし、それをめざす過程で何を基準とするかを明らかにするものである。
- 「自分は何ものかを知る」とは、自分の「目的」を明確にすることである。「どこをめざすか」

とは、自分の「未来のイメージ」を描くことである。「何を基準にするか」とは、あなたが大切にする「価値観」のことである。

ビジョンはなぜ重要なのか

- すぐれたリーダーシップはビジョンから始まる。そしてリーダーシップとは、何かをめざすものである。
- ビジョンによって集中力が高まり、意欲が増し、卓越した結果を生み出すことができる。
- ビジョンがあれば、逆境にあっても前進できる。

全社的なビジョンがなくても、チームや部門のビジョンをつくれるか

答えはイエス。ビジョンはどこからでもつくれる。社内にビジョンがなくても、遠慮する必要はない。あなたがチームリーダーなら、チームのビジョンづくりに取り組んでみよう。チームの輝きは社内で注目され、関心を集めるだろう。並行して上司や同僚を説得し、ビジョンをつくろうと呼びかけよう。つまり上にも、下にも、横にも、360度見回してみるのだ。

本書が提案する『ザ・ビジョン』のモデル

「説得力あるビジョン」は、「内容」と「プロセス」という、等しく重要な2つの部分からなる。

- **「内容」**とは、ビジョンの中身のこと。ビジョンには「目的」「未来のイメージ」「価値観」という3つの要素がある。
- **「プロセス」**とは、ビジョンをいかに創造し、伝達し、実践するかということ。本書ではビジョンの3要素を順に述べているが、実際のビジョンづくりは直線的には進まない。ビジョンの3要素を明確にしていく過程では、「3つのいかに」をつねに意識してほしい。ビジョンで「何」を述べるかと同じくらい、ビジョンを「いかに」創造し、「いかに」伝達し、「いかに」実践するかが重要なのだ。

次ページの図を見ると、「プロセス」が「内容」に影響を与えていることがわかるだろう。

図1 『ザ・ビジョン』モデル

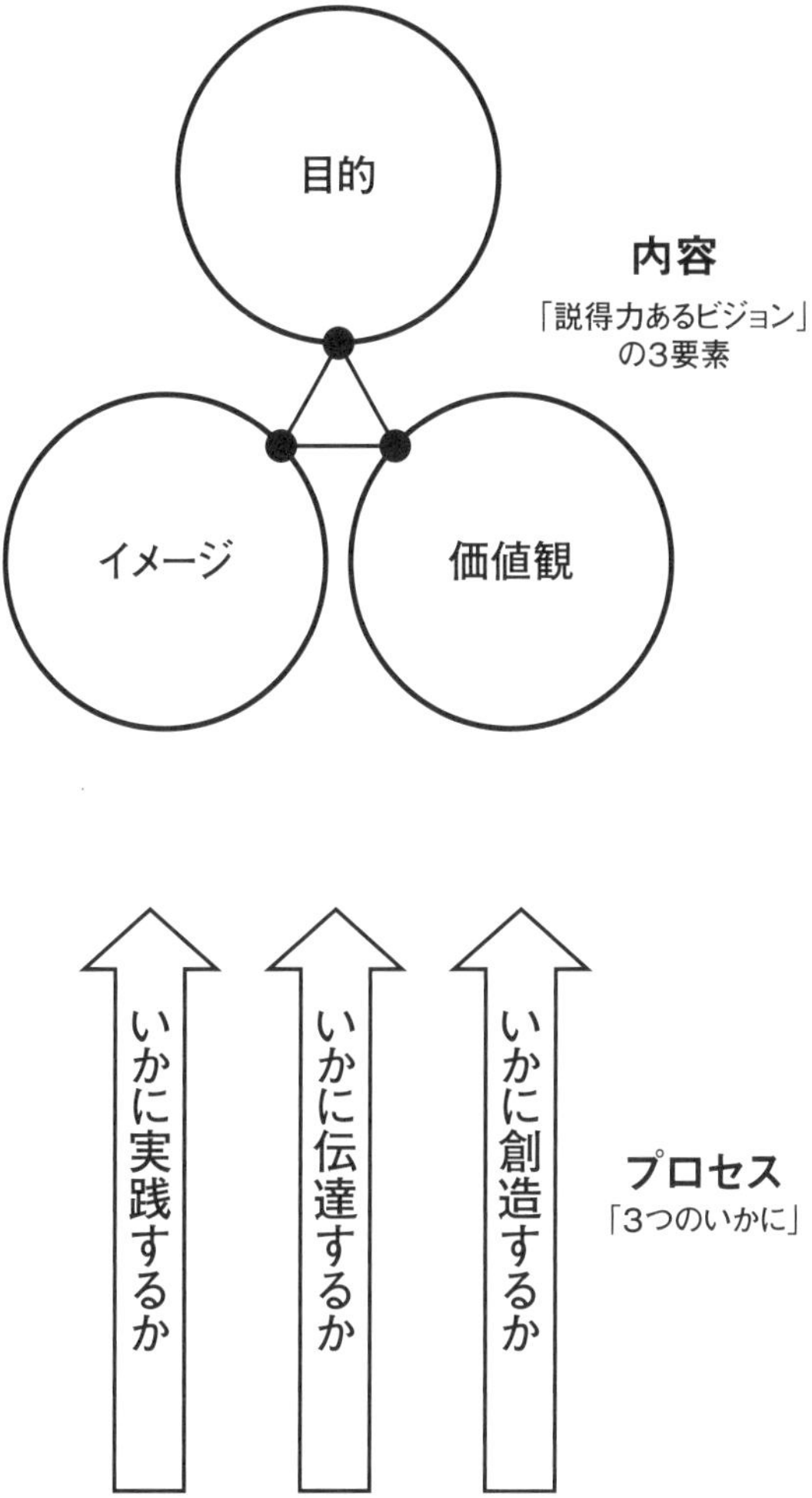
目的
イメージ
価値観
内容
「説得力あるビジョン」
の3要素
いかに実践するか
いかに伝達するか
いかに創造するか
プロセス
「3つのいかに」

以下では、図1で示した概念のひとつひとつを、よりくわしく説明していこう。

内容：ビジョンの中身――「説得力あるビジョン」の3要素

［目的］

- 自分たちの存在意義。
- 単に自分たちの役割や活動を述べるのでなく、その「理由」に答えるもの。
- 奥の深い崇高な目的（有意義な目的）は情熱と意欲を高め、仕事が楽しくなるだけでなく、逆境にあってても前進しつづけられる。

［未来のイメージ］

- 最終結果のイメージ――目を閉じたとき、まざまざと目に浮かぶようなイメージ。「偉大な人間になる」といったあいまいなイメージではない。
- 何をなくしたいかではなく、何を生み出したいかに注目する。
- 場当たり的ではなく、先を見据えたイメージ。
- 思い描くのはあくまで最終結果で、そこに至るプロセスではない。

［価値観］

・特定の資質を望ましいとする、心の底からの信念。何が正しく、本質的に重要かを示すもので、さまざまな選択や行動の基準となる。

・「日々の出来事に対して、どう行動するか」の答えとなるもの。

・価値観を実際の行動に移したとき、どのような行動になるのかを説明するもの。

・価値観は少数に絞り、優先順位をつける。

・価値観はどんな状況でも実践すること。さもないと単なる意欲で終わってしまう。

・個人の価値観と組織の価値観が一致する必要はないが、その人が充実感を得るためには、両者が連携している必要がある。

説得力あるビジョン

・自分たちの〝真の〟使命は何かをわからせてくれるもの。

・ライバルに勝つというだけではなく、有意義な目的をもっている。

・目の前にまざまざと思い描けるような、望ましい未来のイメージを示してくれる。

・日々の意思決定を導く行動基準を与えてくれる。

・時を超えた永続性がある。

・意欲をかきたててくれる。ただし数字が先行しない。
・みんなの感情と心に訴えるものでなければならない。
・ひとりひとりに、自分の役割を自覚させてくれる。

プロセス：「3つのいかに」

〔いかに創造するか〕

・未来のビジョンと同じくらい、現実を正直かつ正確に見据えることも重要である。ビジョンのみでは絵空事にすぎない。逆に目の前の現実にばかり目を奪われていては、動きがとれなくなる。
・ビジョンを描きつつ、目の前の現実を直視しようとすれば、両者のギャップから生み出される「創造的緊張」にさらされる。そうした緊張を進んで受け入れつつ、あくまでビジョンを見失わなければ、現状からの軌道修正に成功し、ビジョンに近づくことができる。
・全社的なビジョンがなくても、ビジョンづくりはどこからでも始められる。チーム、部門、あるいは個人で取り組もう。
・ビジョンづくりにみんなを巻き込んで、協力して取り組むこと。ビジョンをめぐる踏み込んだ議論を引き出して、みんなが意見をいえるようにしよう。

- 夢や希望を語る場を与えられたり、ビジョンづくりの議論に加わったり、意思決定プロセスに参加を許されたりすると、ビジョンへの理解が深まるし、ビジョンへの思い入れも強まり、率先してビジョンの実現に取り組むようになる。
- 大きな変化を起こすときは慎重になるべきだが、小さな行動によって、リーダーが率先して取り組んでいる姿を見せることも大切である。

［いかに伝達するか］

- ビジョンづくりは現在進行中のプロセスなので、たえず話題として取り上げる必要がある。
- ビジョンの理解が十分になったら、その内容を凝縮したスローガンをつくるのもよい。ただしスローガンは、みんなに共有されたビジョンにもとづいてつくること。たとえば、販売促進のみに重点を置いたスローガンにならないように。
- ビジョンが忘れられたり、だれも実践しなくなったりした場合、スローガンは意味を失い、かえってみんなの意欲をそぐものになる。
- 定期的に情報を流し、ビジョンが牽引力になっていることを知らせよう。
- さまざまな事件や変化が起きたとき、ビジョンの視点から解釈するよううながそう。

図2 『ザ・ビジョン』モデル（説明付き）

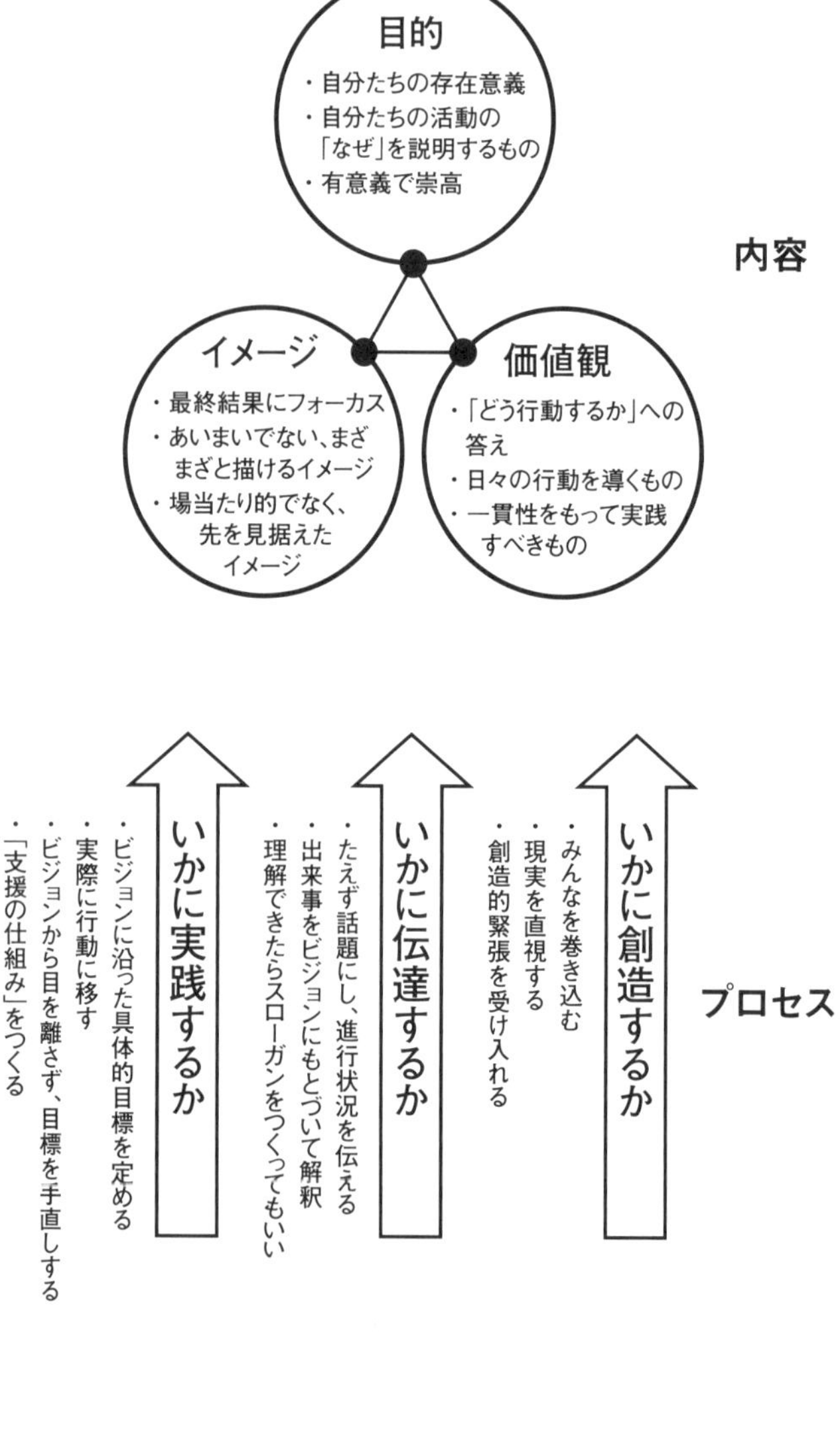
目的
・自分たちの存在意義
・自分たちの活動の「なぜ」を説明するもの
・有意義で崇高
内容
イメージ
・最終結果にフォーカス
・あいまいでない、まざまざと描けるイメージ
・場当たり的でなく、先を見据えたイメージ
価値観
・「どう行動するか」への答え
・日々の行動を導くもの
・一貫性をもって実践すべきもの
プロセス
いかに創造するか
・みんなを巻き込む
・現実を直視する
・創造的緊張を受け入れる
いかに伝達するか
・たえず話題にし、進行状況を伝える
・出来事をビジョンにもとづいて解釈
・理解できたらスローガンをつくってもいい
いかに実践するか
・ビジョンに沿った具体的目標を定める
・実際に行動に移す
・ビジョンから目を離さず、目標を手直しする
・「支援の仕組み」をつくる

［いかに実践するか］

- ビジョンにもとづいて、一連の具体的目標を設定しよう。
- 過去に学び、未来に備え、現在を生きること。
- 「支援の仕組み」をつくろう。以下はその一例。
  - 。ビジョンにもとづいたプロセスやシステムを構築し、みんなが軌道を外れないようにする。
  - 。組織の運営方針や業務手続きを、ビジョンと連動したものにする。
- ものごとの順番を考えよう。船が沈みそうになったら、まず穴をふさごう。
- リーダーはビジョン実践のお手本となって、本気であることを示そう。
- ビジョンを書いた額を飾るだけではダメ。本物のビジョンは実践されるもので、飾られるものではない。

前ページの図は、209ページの図にくわしい説明を追加したものである。

あきらめずに進みつづけるコツ

- ビジョンを念頭に置きつつ、具体的目標を定めたり、戦略プランを考えたりしよう。
- 変化は必ずやってくる。それでもビジョンから目を離さないこと。

- 軌道を外れたと思ったら、ためらわずに目標を切り替えよう。
- 行動に移そう。ビジョンができあがったら、一貫してそのビジョンをもとに行動することが大切だ。プランや構造を採用するときは、少しずつ進むのがいい。最初から完璧なプランを立てることは不可能だ。
- 「3つのいかに」を思い出そう。みんなを巻き込み、オープンな対話を心がけ、行動によってリーダー自身の本気度を示そう。
- ビジョンづくりは現在進行中のプロセスだ。1回きりで終わるものではない。

あなたのチームのビジョンを評価しよう

以下はチームのビジョンを評価するための、簡単なテストである。採点表を使って、チームの現状を把握し、さらなる改善に役立てよう。

以下の項目への答えを、1〜5から選ぼう。

1＝ほとんどあてはまらない
2＝あまりあてはまらない
3＝ある程度あてはまる

4＝よくあてはまる
5＝非常によくあてはまる

□チーム全員が同じビジョンを共有している。
□ビジョンのおかげで熱意がわき、活気が出て、やる気になった。
□ビジョンには、自分たちの使命は何かが説明されている。
□ビジョンに進むべき方向性が示され、実現したい未来のイメージが明確に描かれている。
□ビジョンには、日々の意思決定を導く行動基準が示されている。
□ビジョンによって、自分たちの活動が価値をもたらしていることが実感できる。
□ビジョンが、優先順位を導き出す助けになっている。
□目的や向かうべき方向性、および価値について、頻繁に話題にしている。
□メンバー全員が、ビジョンの実現に熱心に取り組んでいる。
□ビジョンによって、自分がどのように貢献しているかが理解できる。

合計　　　点

ビジョン・テストの採点表

〔45〜50点〕チームはすでに動き出している

「説得力あるビジョン」がつくられていて、チームに活気が生まれ、集中力が高まり、方向性が定まっている。どこへ向かって、どのような価値観を基準にして進めばよいのかが明確になっている。

みんなが本当にビジョンを理解し、情熱を抱いているか、たえずたしかめていこう。

今後はほかのビジョン（個人のビジョン、他部署のビジョンなど）との連携を強化し、ビジョンの実践に注力していこう。「14 ビジョンをいかに実践するか」「15 あきらめずに進みつづける」の各章を参照のこと。想定外の事態に遭遇して計画が挫折したときは、テリー・フォックスの例を思い出して、ビジョンを再確認しつつコースを切り替えよう。つねに現実に即した、いきいきしたビジョンとなるように。大小を問わず、あらゆる方法を駆使して、ビジョンにもとづいて行動しつづけよう。

〔39〜44点〕チームができつつある

力強いビジョン構築に手をつけたばかりで、まだまだやることがある。みんながもっと明確に理解し、情熱をもち、関心をもって取り組むようにする必要がある。みんながビジョンと調和した行動をとれるよう、努力を続けよう。そうすれば、情熱にあふれ、方向性の定まった集団になるだろう。

「12　ビジョンをいかに創造するか」「13　ビジョンをいかに伝達するか」の各章を参照のこと。ビジョンが固まってきたら、この手引きの「説得力あるビジョン」（211ページ）の各項目を参照して、あてはまっているかをたしかめよう。

［30〜38点］チームは平均的である

平均的な組織であり、一部の人々はめざす方向性をわかっているが、みんなに共有されたものとはなっていない。仕事はこなせるものの、ムダな努力も多い。リーダーの気が変わったり、そもそもきちんと方針が伝わっていなかったりして、仕事がやり直しになることも多い。優先順位がはっきりしていないので、メンバーは複数の懸案を抱え込み、全部をこなそうとする。

「3　ビジョンの要素①　有意義な目的」「4　ビジョンの要素②　未来のイメージ」「5　ビジョンの要素③　明確な価値観」の章を参照して、「説得力あるビジョン」の3要素について学ぼう。3要素がそろったあかつきには、メンバーの方向性が定まり、活気が出て、すばらしい成果をあげられるだろう。

［29点以下］チームは焦点が絞れていない

仕事はきちんとなされていたとしても、何かが代償になっていないだろうか。あなた自身も、チームのみんなも、燃えつき症候群に陥っていないだろうか。ひとりひとりはていねいに仕事をしているかもしれないが、チーム共通の考え方やビジョンがなく、日々の業務をこなす以上の大きな目標に向かって、心がひとつにまとまっているとはいえない。

「2　『ビジョン』とは何か」の章を読み、ビジョンがあると生産性もみんなのやる気も高まることを学ぼう。仕事が意味のある、みんなの願望とも一致するものとなったとき、想像もしなかったような生産性と創造力が引き出される。最初のうちは、さまざまな問題を解決しなければならないだろう。これについては、「15　あきらめずに進みつづける」の章を参考にしよう。

ゲームプラン（行動計画）

ここで示す行動計画は、次のようなチームに有益である。

・ひとつのチーム、またはひとつの部門が、全員でひとつのビジョンを共有することをめざしている。

・特定の部門、ないしは会社全体のビジョンづくりのため、経営陣やリーダーがたたき台となる行動計画を立てようとしている。

・ファシリテーターのいる大規模なグループで、共同の将来像を策定しようとしている。

・戦略プランニングを担当するチームが、その第一歩として、行動計画を立てようとしている。

ステップ1：共有されたビジョンの創造

最初に個人ごと、次にグループ全体で、「説得力あるビジョン」の3要素について検討し、全体で合意する。この段階では原則について合意すればよく、細かい文言まで確定する必要はない。そのほうが、グループ外からの意見を取り入れやすくなる。

ステップ2：現状を正直に書き出してみる

ビジョンと関連する現在の状態を検証してみよう。ビジョンを実現するのに求められる能力を考えたとき、現在のグループにはどんな強みや弱点があるだろうか。現状を知るために必要な情報をどう集めるか、みんなの現状認識をどうやって調べるか、きちんと計画を立てよう。ビジョンを掲げつつ、同時に現実に正面から向き合うことで生まれる「創造的緊張」

の重要性も確認しておこう。

ステップ3：ビジョン実現へ向けて前進する方略を考える

ビジョン実現に向けて飛躍するには、どんなきっかけが必要だろうか。どんな「支援の仕組み」が必要だろうか。前進するための段階的な方略を考えよう。「手の届く果実」（影響が大きすぎず、手軽に変革できる、わかりやすい問題点）は何かを考え、できればどうやって変革するかも決めよう。これによって、必ず行動に移すという決意のほどを示すことができる。

ステップ4：メンバーの参加と対話のための計画を立てる

ビジョンに関するミーティングの結果を、どのように伝達していくか、また部門全体・組織全体をビジョンづくりにどう巻き込んでいくか、計画を立てよう。どんな障害が予想されるだろうか。継続的な対話を図るなど、これを解決するための行動を考えよう。全員を1カ所に集めることが不可能なら、全社的なミーティングを複数回に分けて開くなど、別の方法を考えよう。

ビジョンをみんなに周知するためにどんなプロセスをとるにせよ、双方向の対話を継続することが大切だ。双方向とは、みんなの議論の結果を上級リーダーに伝え、リーダーたちがどう対応したかを、再びみんなに伝えるというプロセスである。

ステップ5：個々のメンバーの取り組みをうながす

メンバーのひとりひとりが、具体的な目標や行動に向かって、個人的に取り組めるようにしよう。こうすることで、まだビジョンが完成していない段階から、いまこの瞬間にビジョンを実践し、模範を示しているという自覚をもってもらえる。

（注意）以上の5つのステップ、およびそのファシリテーションについては、ケン・ブランチャード社が発行しているガイドブック（*The Full Steam Ahead Field Guide*）にくわしい説明が掲載されている（お問い合わせは次ページのケン・ブランチャード社本社まで）。

本書に著された概念は、ケン・ブランチャード社の手法を活用したものです。同社は、世界80カ国以上において、20の言語で、企業や団体が業績や従業員エンゲージメント、顧客ロイヤルティを向上させるのを助けています。本書で取り上げた概念や方法論を自分の組織に取り入れたい方は、下記にご連絡ください。

●日本におけるサービス提供者

ブランチャード・ジャパン(Blanchard Japan)
株式会社ピープルフォーカス・コンサルティング
ブランチャード事業部
〒151-0051　東京都渋谷区千駄ヶ谷3-12-8　ル・グラン原宿
URL: http://www.blanchardjapan.jp
E-mail: info@blanchardjapan.jp
Tel: 03-5771-7073

●本社

The Ken Blanchard Companies - Global Headquarters
E-mail: international@kenblanchard.com
Telephone: +1-760-489-5005
Address: 125 State Place,
Escondido, California 92029 USA

Web Site: https://www.kenblanchard.com

［著者］

ケン・ブランチャード（Ken Blanchard）

ケン・ブランチャード社の共同創業者にしてCSO（最高精神責任者）。大ベストセラーとなった『1分間マネジャー』（スペンサー・ジョンソンとの共著）は1500万部以上を売り上げ、いまなおベストセラーリストに名を連ねている。また実務に精通した専門家と組んで、『1分間顧客サービス』『1分間モチベーション』『1分間リーダーシップ』など、数々の著書を世に送り出し、人材や企業の日常的マネジメントについて、幅広い層に多大な影響を与えている。コーネル大学で博士号を取得。同大の講師、名誉理事を務める。サーバントリーダーの育成を目指すLead Like Jesusの共同創立者でもある。

ジェシー・リン・ストーナー（Jesse Lyn Stoner）

シーポイント・センター社長。ビジネスコンサルタント、エグゼクティブコーチとして、大企業から小さな新興企業、政府機関から非営利団体にいたるまで、世界中の組織のリーダーたちを支援することに注力し、高い評価を得ている。また、組織において持続可能で全員に共有されるビジョンを創造するための助言活動にも力を注いできた。チームワークに関する研修教材の開発や、多数の新聞・雑誌への寄稿を行っている。心理学等で複数の修士号を取得、さらにマサチューセッツ大学でビジョンとリーダーシップをテーマに論文を書き、組織開発の博士号を取得している。

［訳者］

田辺希久子（たなべ・きくこ）

東京教育大学卒業。青山学院大学大学院国際政治経済学研究科修士課程修了。神戸女学院大学教授等を経て、翻訳家。

ザ・ビジョン［新版］
――やる気を高め、結果を上げる「求心力」のつくり方

2020年7月29日　第1刷発行
2024年3月8日　第4刷発行

著　者――ケン・ブランチャード／ジェシー・リン・ストーナー
訳　者――田辺希久子
発行所――ダイヤモンド社
〒150-8409　東京都渋谷区神宮前6-12-17
https://www.diamond.co.jp/
電話／03·5778·7233（編集）　03·5778·7240（販売）

装丁――――大場君人
DTP――――荒川典久
校正――――久高将武
製作進行――ダイヤモンド・グラフィック社
印刷――――八光印刷（本文）・新藤慶昌堂（カバー）
製本――――本間製本
編集担当――田口昌輝

ISBN 978-4-478-10983-0

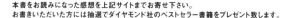